U0701854

小学数学作业创新研究
与案例分析

唐惠玉　戴　叶　包婧怡　著

天津出版传媒集团

天津科学技术出版社

图书在版编目（CIP）数据

小学数学作业创新研究与案例分析 / 唐惠玉, 戴叶, 包婧怡著. -- 天津：天津科学技术出版社, 2023.8
　ISBN 978-7-5742-1484-2

　Ⅰ. ①小… Ⅱ. ①唐… ②戴… ③包… Ⅲ. ①小学数
学课 - 学生作业 - 教学研究 Ⅳ. ①G623.502

中国国家版本馆CIP数据核字(2023)第145446号

小学数学作业创新研究与案例分析
XIAOXUE SHUXUE ZUOYE CHUANGXIN YANJIU YU ANLI FENXI

责任编辑：房　芳
责任印制：王品乾

出　　版：天津出版传媒集团
　　　　　天津科学技术出版社
地　　址：天津市西康路35号
邮　　编：300051
电　　话：（022）23332397
网　　址：www.tjkjcbs.com.cn
发　　行：新华书店经销
印　　刷：河北万卷印刷有限公司

开本 710×1000　1/16　印张 13　字数 200 000
2023年8月第1版第1次印刷
定价：78.00元

序

　　善学者，师逸而功倍，又从而庸之。不善学者，师勤而功半，又从而怨之。善问者，如攻坚木，先其易者，后其节目，及其久也，相说以解，不善问者反此。善待问者，如撞钟，叩之以小者则小鸣，叩之以大者则大鸣，待其从容，然后尽其声。不善答问者反此。

——《礼记·学记》

　　中共中央办公厅、国务院办公厅于 2021 年 7 月 24 日印发了《关于进一步减轻义务教育阶段学生作业负担和校外培训负担的意见》，这充分体现了党和国家对基础教育和青少年一代的高度重视和深切关怀，"减负"再度成为教育界的热门话题。人们可以从中明显地感觉到中小学生的作业正在发生深刻的变化，但笔者认为这不过是"开胃菜"而已。随着《义务教育课程方案和课程标准（2022 年版）》的实施，这些变化将逐步凸显出来。怎样让学生喜欢做作业——既能体现学生对基础知识、基本技能掌握的程度，又能体现学生学习的过程；既能体现个性化和多样化的思考，又能让学生乐此不疲，体现对学生核心素养的培育呢？笔者与几位一线小学数学教师对此进行了大胆尝试和深入研究。

　　通过对小学数学作业设计进行研究和思考，《小学数学作业创新研究与案例分析》一书得以问世。它不仅写出了一线教师如何把教学中的实际问题提升为教师研究专题的历程，更有关于创新作业的大量实践案例，有助于实现学生和教师共同成长。本书也是江苏省"十四五"重点课题"'学为中心'视角下小学数学作业创新设计研究"的研究成果之一。

　　本书对作业类型进行了介绍，包括开放型作业、实践型作业、探究型作业、评价型作业、亲子型作业和跨学科作业。较为系统地梳理了1～6年级数学作业的大量实例，这给一线教师布置作业的形式赋予了新视角。

数学创新作业的设计让教师的教学生活不再像以往那样简单重复，而是富有挑战性。不在习惯中行走，应该成为我们每位教师的追求。像这样，每天都能和几十个活泼可爱的孩子共享"小秘密"，批改作业变得不再枯燥乏味，反而带给人一种收获、一种享受；而且因为孩子们喜欢，创新作业产生了很多优秀的作品，在我们眼里，这些作品都是极其珍贵的。

那么，站在一线教师的角度和视野，该如何品读本书呢？这就要求我们关注学生的发展，把学生当作发展的主体，注重新课标（《义务教育小学数学课程标准（2022年版）》）对评价的落实情况，努力提升学生的核心素养。

第一，丰富的作业类型更加有助于实现因材施教。小学生具有好动、好奇心强的特点，创新作业将学生从重复的轨道上解脱出来，取而代之的是"以自主学习为主线、以师生信息互动为主体"的作业方式。"实践型作业"可以动手实践进行体验；"开放型作业"可以根据资料写出自己的思考；"亲子型作业"可以和父母一起互动；"探究型作业"让擅长逻辑思维的孩子发散思维，提高创新能力；"跨学科作业"可以让学生用数学日记、数学小报、网络博客记录自己的学习成果……生动、有新意的作业形式让学生兴趣盎然，新颖的呈现方式让学生有了更充分的交流和互动，学生由原来的被动写作业变成了现在的主动尝试。学生的作品异彩纷呈，体现了学生个性化的思考。学生可以在交流中不断修正、完善自己的作品。

第二，注重新课标中评价理念的落实情况。创新作业重视过程，体现过程和结果的关系；重视直观，体现直观和抽象的关系；重视学生的直接经验，体现直接经验和间接经验之间的关系。创新作业评价注重从学生的知识技能、情感态度、数学思考和问题解决能力等多方面进行评价，旨在让学生的思维可视化成为现实。本书在评价主体的多元化和评价方式的多样化方面进行了大胆的尝试，如运用"大数据"进行全过程纵向评价；让家长共同参与评价；"评价型作业"引导学生对他人作业进行评价思考，使师生之间、生生之间、家长和孩子之间形成良性互动，有助于教育教学形成合力。

第三，关注学生核心素养的提升。创新作业是过程性目标的深度落实，培养了学生的应用意识和创新意识。课堂不仅仅是实施课程改革的主阵地，留给学生创新的书面作业同样可以改变学生的学习方式，激发学生的学习兴趣，挖掘学生的潜能。例如，根据一节课或几节课的学习内容，设计出综合性较强的题目；为学生创设轻松的氛围，让他们可以用自己的眼光观察、分析，也可以广泛搜集课外资源补充、完善自己的观点。

随着课程改革的不断深入，在培养学生核心素养的前提下，今后的作业应该精选书面作业，适当布置一些应用性、综合性较强的题目，留给学生充足的时间和精力进行资料搜集和整理；或者鼓励学生参加社会调查活动，从而了解社会、认识社会，用数学去解释、分析社会，开阔学生视野，使他们感到生活中离不开数学，要学会用数学的眼光观察现实世界，学会用数学的思维思考现实世界，学会用数学的语言表达现实世界。

当然，设计富有新意和挑战性的作业，让学生拥有解决问题的能力和创新意识，提升学生的核心素养，依旧是一个漫长的过程。随着时间的推移，学生的学习会更加深入，理解会更加全面，把握会更加准确。相信每一位有思想的教师都会有新的收获、新的突破、新的成长！

目　录

第一章　概论

第一节 "学为中心"背景下小学数学作业创新研究内涵

一、"学为中心"的内涵

"学为中心"即"以学生为中心",这种观念是由美国儿童心理学家和教育家约翰·杜威的"以儿童为中心"的观念转换来的。以学生为中心的教育特点主要是以学生为主体,以教师为主导。教师在传授小学生专业知识和技术的过程中,更主要的是对学生进行积极主动的启发与指导,既要"授人以鱼",又要"授人以渔"。这就要求教师优化教学过程,不仅要重点突破课堂上的重难点,引导学生体验知识的生成过程,还要设计出引导学生巩固、内化新知,且辅助学生构建知识体系的数学作业,通过富有创新的作业,拓宽学生的思路,启发学生的思维,从而使得数学作业真正成为优化学生思维的新的支点。

二、小学数学作业创新的内涵

创新的作业设计是指教师根据学校自身具体情况,细化作业管理流程,以发挥作业在学校课堂教学流程中的作用与反馈的功能而设计分层次、多形式的作业;创新的作业设计有助于学生掌握所学的基础知识,有助于充分调动学生对学习数学的浓厚兴趣,同时逐步培养学生自身研究和解决问题的综合能力。教师要努力创新作业形式,不断优化作业内容,让学生将做数学作业看作一种享受。

第二节 "学为中心"背景下小学数学作业创新研究背景

一、将"学为中心"落实到数学作业中的政策支持

2019 年 6 月实施的《中共中央国务院关于深化教育教学改革全面提高义务教育质量的意见》中提出:"统筹调控不同年级、不同学科作业数量和作业时间,作业难度水平不得超过课标要求,促进学生完成好基础性作业,强化实践性作业,探索弹性作业和跨学科作业,不断提高作业设计质量。"

2021 年 7 月,中共中央办公厅、国务院办公厅印发的《关于进一步减轻义务教育阶段学生作业负担和校外培训负担的意见》中提出"全面压减作业总量和时长"。其中,第 6 条明确指出:"发挥作业诊断、巩固、学情分析等功能,将作业设计纳入教研体系,系统设计符合年龄特点和学习规律、体现素质教育导向的基础性作业。鼓励布置分层、弹性和个性化的作业,坚决克服机械、无效作业,杜绝重复性、惩罚性作业。"

在新课程改革的推动下,当前教师比较重视课堂教学的改革与创新,逐渐转变教学观念、优化教学手段。但是,如何使学生的作业变成促进学生自主探究的媒介,利用新型的数学作业来推动学生有效学习和提升学生素养是目前的一大难题。针对数学教学实际、学生实际和数学学科特点,为响应国家政策,在教学实践过程中开展小学创新型数学作业设计的研究已经迫在眉睫。

二、数学作业是培养学生核心素养的重要途径

在贯彻新的课程标准理念、培养学生核心素养的过程中,课堂是主阵地,作业是分战场。数学作业是教师依据特定的教学目标和相关教学内容,结合学生的实际发展状况而布置的书面或者非书面的数学学习内容或者活动。数学作业是数学学习的重要组成部分,是学生进一步理解数学知识、获得技能技巧和形成积极情感态度并获得深层次发展的有效途径。学生在积极

完成这些作业的同时，不仅提升了个人的数学素养，还会在其他方面得到锻炼。生活化的数学作业可以帮助学生把所学数学知识与实际生活紧密联系在一起，有利于提升学生的问题解决能力；创新型的数学作业可以激发学生从不同的角度看待问题，进而培养学生的创新素养；实践型的数学作业可以帮助学生培养实践素养；阅读型的数学作业可以帮助学生培养人文素养；探究型的数学作业可以帮助学生培养科学精神；开放型的数学作业可以培养学生个性化发展，提升学生的自主探索能力，从而激发学生自主思考。这些不同类型的数学作业打破了传统作业完成的场地限制，突破了时间、器材、方法的约束，充分尊重学生的个性特点，发挥学生的主观能动性，从直观想象、数学抽象以及逻辑推理等方面，帮助学生获取知识，从而将书本知识应用于生活。数学作业是培养学生核心素养的重要途径，对于培养学生的问题解决能力、创新素养、科学精神、人文素养等具有积极的促进作用。

第三节 "学为中心"背景下小学数学作业创新研究现状

一、研究热点析理

截至 2022 年 9 月，在中国知网数学教育类文章中以"学为中心"为主题进行检索，有 4899 篇相关文献；以"数学作业设计"为主题进行检索，共有 5868 篇相关文献；两者并列搜索仅有 5 篇。目前，在"双减"政策的推动下，作业设计逐渐从关注书本转向关注学生，而"学为中心"背景下，小学数学作业设计值得被研究。

国外学者对数学教学作业的研究相对较早，多数研究者都把家庭教育作业看成学校课堂教学的重要部分。苏联著名教育工作者凯洛夫曾提出：家庭教育作业是课堂教学工作的重要部分。[①] 早期夸美纽斯就在他的著作《大教

[①] 凯洛夫. 教育学 [M]. 北京：人民教育出版社，1948：90.

学论》中对课外学习作业的意义与布置方式做过精辟阐述："课堂教学科目中如果不能有相应的反复与练习，课堂教学工作便无法到达最彻底的境地。"

国内对于作业的深入研究相对较晚，研究者大多是在总结国外现有研究成果的基础上加以深入与扩展，对写作的关注点向课程功能、教育应用转移，主要研究方向为学科课程理论方向。学者朱仲敏教授认为，作业是由教师设计的、让学生在家中进行的一项学习任务，它是传统课堂的补充与延伸，对加强课堂、培养学生良好的学业成绩起了关键的作用。[①]

通过对上述文献的整理与分析可以看出，国外研究作业设计的时间比较早，国外的核心素养侧重于对学生技能的训练。对比之下，国内对作业设计的研究起步较晚，且国内的作业设计注重对必备品格与关键能力的训练。近年来，作业创新设计也受到广大教育研究者、专家和一线教师的重视，他们开始从不同的角度对其进行深入和细致研究。这些研究成果为后继研究提供了重要的理论基础，对于广大教育工作者研究作业设计具有重要的参考价值。目前，对于怎样培养学生核心素养的问题研究较少，具体到将"学为中心"融入数学作业中的研究更少。要想在"学为中心"背景下分析小学数学作业创新设计，还需要进行进一步的调查与研究。

二、研究成果分析

（一）"学为中心"背景下小学数学作业创新作业的意义研究

近年来，国内教育者加大了对同类课程的研发力度，不少学校都对作业教学的创新设计做出了有益的改进尝试，在丰富作业形态、调动学生作业兴趣等方面获得了许多重要经验。

1. 有利于促进教学目标顺利实现

《义务教育课程方案和课程标准（2022 年版）》指出，教学活动不再是简单的知识的传递，更是对培养学生素养提出更新、更全、更高的要求。传统的数学作业设计更多地针对单一的知识点或者知识群进行设计，对学生的整体学习情况考虑得较少，而创新作业设计根据学生实际情况，能切实增强

[①] 朱仲敏. 美国：家庭作业目的 10 个定位 [J]. 现代教学，2008，214（Z1）：153.

学生知识应用的能力，促进教学目标顺利实现。

2. 有利于学生全面发展

小学数学作业创新设计以学生作为研究对象，从学生出发，有助于更好地体现学生学习的主观能动性。同时，作业的设计考虑儿童化、生活化、多元化，使学生能从多角度、多层面进行综合性提升。另外，实践型、项目化等学科融合性作业能够切实有效地提升学生的综合素质，培养学生的学习能力，发展学生的核心素养，有利于学生的全面发展。

3. 有利于提高教学评价有效性

作业是对课堂效果进行评价的方式之一，但是传统作业评价方式多为判断"对"或"错"，较为单一且生硬。这种方式虽然能够及时纠正学生缺失或者错误的知识信息，但是对学生学习提供的引导和帮助有限。小学数学作业创新设计提出开阔视野、多元发展，教师要从多角度、鼓励学生思考发现，与学生高质量沟通，这可以帮助师生对课堂教与学进行更全面、深入地总结评价，使教师能根据作业反馈情况进一步优化课堂教学。

4. 有利于建设创新型社会

随着社会的发展，创新人才的培养备受关注，特别是随着信息技术和大数据思维的发展，全社会对数学的需求越来越大。发挥基础作用的小学教育要为学生今后的学习打好基础，帮助其形成贯穿一生的可持续学习能力。除在校学习外，课余时间如何让学生在放松心情的同时继续主动学习，将所学知识运用于生活之中，在生活中发现问题、提出问题、分析问题、解决问题尤为重要，这主要依靠作业内容的优化、作业设计的创新。

（二）"学为中心"背景下小学数学作业创新特点研究

1. 作业设计儿童化

陈鹤琴在《家庭教育》中指出："小孩子生来就是好动的，是以游戏为生命的，也是生来好奇的。"数学作业只有变得满足学生好胜、好奇、好玩、好动的天性，才能让学生真正喜欢，才能充满学生味道。基于此，教师应该给学生创造"舞台",让他们去探索,去和别的学生分享自己的发现。

2. 作业设计生活化

无论从何种角度或哪一层面上来说,数学现象与社会生活之间的关系是不可分割且深度融通的。数学和生活不只是共存,更是同进。学生学习数学知识只有在学生熟悉的生活作用下才会产生实际意义,否则只是无源无本。

3. 作业设计多样化

《义务教育数学课程标准(2022年版)》指出:"数学教学不能停留在只掌握课内知识的低层面上,要让学生体会到数学在生活中的作用。"因此,数学作业的设计应不拘泥于传统的作业形式,而是知识性与现实性、挑战性相结合,体现数学的应用性,让学生能够全身心地投入其中,提高自身的学习兴趣和实践能力。数学作业可以是一篇小日记,也可以是一个小表演,还可以是一张美丽的图片。

4. 作业设计层次化

学生来自不同的教育环境,因此在理解能力、接受能力、思维能力方面存在差异,如果教师在作业设计上仍旧一概而论的话,就会在一定程度上影响学生完成作业的积极性,难以充分发挥作业的巩固、引导作用。为此,教师要结合"学为中心"教育理念,设计层次性作业,让不同层次的学生自主选择,从而让所有层次的学生在完成作业的过程中都可以得到应有的进步。

5. 作业评价多元化

教师可以尝试让学生相互之间评价作业,找出其他学生作业中的小错误,这样能帮助评价学生提醒自己不要犯这种错误。

(三)"学为中心"背景下小学数学作业创新类型研究

1. 分层教学理念的小学数学作业

王琴琴在《小学数学分层作业设计的有效策略初探》提出:"增强课堂有效性,就必须将作业设计重视起来,同时科学、合理地设计适应不同学习程度、适应不同阶段需要的分级作业。"所以，教材要根据小学的实际需要，以最新课程标准为引导，做好数学作业的分层设计。分层教育理念需要教师做到以下几点：仔细分析学生学情，以理解个性差异；掌握好分类作业的具体内容，以落实课程目标要求；设计好各类作业，以符合学生学习需要；建立完整的分层作业批改和评价机制。

2. 基于微项目化的小学数学作业

石海飞在《"减量"与"提质"统一的小学数学微项目化作业设计》中指出微项目化作业因其保留了项目化作业的设计理念，在作业的目标、内容、格式、时间等方面进行了微缩，更适合"双减"目标下的小学生。教师应结合这一阶段的教学目标，通过对微项目化作业目标、主题、内容、格式、时间、类型进行科学、合理地设计，强化作业的直观化、生活化、探究性、实践性和综合性，最终完成学生作业"减量"与"提质"的目标。

3. 单元整体视角的小学数学作业

刘善娜在《单元整体视角下小学数学探究性作业的设计》中指出：教师可以尝试在单元整体性教学的视角下，以生为本，用画数学、说数学、做数学、联数学等多种形式进行数学学习，让学生在思维过程中重视知识间的联系，实现知识迁移。同时，重视多感官、多元化、多角度的单元整体教学，能有效提高教学质量，帮助师生了解单元知识体系，摸清知识脉络，构建知识框架，从而减去重复性作业，真正做到以生为本。

4. 1+N 创新模式的小学数学作业

王佳怡在《创新作业模式　助力"双减"起航：浅谈"双减"背景下小学数学 1+N 作业设计探究》中设计了 1+N 创新作业模式，有助于在满足学生个性化学习的同时，为数学教学提质增效，体现"学为中心"的理念，促使"双减"政策扬帆起航。其中，"1"是以基础作业为主，面向全体学生，确保每位学生都能牢固掌握基础知识与技能，学会基本的数学思想方法，达成数学教学的基本目标；"N"是指根据数学课程的特点、学生身心发展的特点、学习水平的差异性所制定的"读、行、思、炼"4 个维度的作业设计，以拓展性作业为主，让不同水平的学生都能展现个性化思考的结论。同时，"1"是"N"的基础，"N"是"1"的补充、延伸、拓展，两者相辅相成，共同促进学生的发展。

第四节 "学为中心"背景下小学数学作业创新研究意义

数学习题设计是学校课程的一项重要组成部分，是学校教学活动的拓展与继续，是检查学生课堂学习效果，帮助学生了解数学知识与能力，从而提高他们综合意识的重要途径。教师在设置数学课程时要注重鼓励学生全面发展，从问题入手，让每个学生都能得到不同水平的成长。所以，在小学数学教学中，教师应按照新课程标准的要求精心设计和布置数学操作习题，促进学生全面成长。

一、教育理论意义

作业是课堂的拓展与继续，是提升课堂质量的关键措施与保障，其意义不言而喻。要想使作业的设计表现个性化、生活化和社会性的特点，作业的设计方式需要注重开放、研究与学习，设计作业的方法要求多感官、多方位，要使知识动起来、使练习动起来，鼓励学生在生活中学习、在实践中应用、在开放中研究。所以，在教育研究和作业设计的活动中，应该坚持下列的教育基本理论。

（一）人人数学理论

《义务教育数学课程标准（2022年版）》中明确提出了崭新的数学素质教育宗旨："人人都能获得良好的数学教育，不同的人在数学上得到不同的发展。"新课标的数学作业已不再完全是学校课堂的附属内容，而是重建和提高教学意义和学校价值观的主要内容。每一项作业都是学校发展的生长点，学生在解题的过程中不断探索，同时在知识和能力的不断运用、互动中发展。新课标教学理念下的数学作业是具有学习者强烈的价值追求、梦想、意志的活动。另外，小学生面对作业的心态也发生了转变，在完成作业的过程中可以感受快乐和喜悦、痛苦与艰辛。这样的态度使作业不再是教师强加给学生的负担，而是学生在学校中形成的一种对自我的学业需求和生存需求。

（二）个体差异理论

因为每个学生的能力、逻辑水平、独立思考意识以及整体认识结构不同，他们对待同一个课题的认识角度与深度必然有着明显不同，因此其形成的认知结构必然是多样的、个性化的和不尽完善的。教师必须意识到这些客观差异性，要真正了解学生，针对他们之间的差异，通过设计表达方法和解题路径等多样化的操作，设计适合小学生全面发展的作业设计方式，把"学为中心"思想融入小学生日常作业设计之中，以充分调动小学生的学习兴趣。

（三）因材施教理论

教师应根据不同的学生设计符合他们自身的教育要求，从他们的实际情况出发，让作业设置的深度、广度、时间都符合他们的认识能力与认知水平，并兼顾他们的个性特点与个体差异，使得每个学生都获得应有的成长。但是，传统作业设置往往"一刀切"，没有一定层次，不利于各种类别的学生成长。所以，在设置题目时，教师必须以数学后进生"吃得了"、中等生"吃得饱"、优秀生"跳一跳，能摘桃"为基本原则，既要有统一的"必做题"，又要有对后进生适时指导的"补差题"，还要有让优质生进一步提高学习水平的"提优题"。只有这样，教师才能根据学校教学的实际状况，对各种形式的问题加以评估，从而维护后进生的自尊，并引导他们不断超越自我，从而提升他们对数学的学习兴趣。

二、教学实践应用意义

小学数学作业的创新设计，是一项兼具理论意义与教学实践应用意义的工作。作为一名人民教师，不但要注重在课堂上对专业知识的传授，更要注意课外作业的创新性设计，使学生的理论与知识在作业中升华、技巧在作业中学会、能力在作业中养成、思想在作业中发展。

（一）设置趣味性的作业，调节学生学习的心情

新颖、生动、灵活多变的事物往往更容易激发学生兴趣，使他们的思维始终处于积极状态，产生强烈的求知欲，从而进入正确学习状态。根据这个规律，教师在作业设计时，应该多设计一些具有童趣性和亲近性的作业，以此激发学生的学习兴趣，使学生成为一个乐学者。

（二）设置实用性的作业，还原数学的本质

数学学习应从学生已有的生活经验和知识出发，让学生将实际问题抽象成数学模型。因此，教师在设置作业时，要将数学习题与学生的生活实际问题相结合，经常安排一些与学校生活实践有关的习题，提高学生运用数学知识处理生活实际问题的能力。

（三）设置新型的作业，开拓学生创新的空间

新课标鼓励学生主动探索，获取信息，发展思维，提升探究、解答现实提问的才能。因此，教师在设置作业时，应针对课程和学生具备的数学生活能力，设置一些以学生自主探究、实践、反思和学习为主的探究型题目，让他们习惯在数学生活中进行探究，从而较为高效地完成作业。

（四）设置层次性的作业，表达学生个体的差异

由于受天赋、家境、教师水平等各方面因素，学生的数学知识与真实数理水平之间存在一定的差距。所以，在数学教育工作的设置上，教师应从每个学生的具体情况入手，根据他们的个体差异设置各种各样的教学工作，使教学课程面对全体学生，从而使学生学习得到多样化的发挥。

第五节 "学为中心"背景下小学数学作业创新研究展望

以培养学生发展为中心，是新课标改革的价值导向。数学作业能体现新课标改革提出的教育宗旨。但是长期以来，某些小学数学教师对数学作业时间的设计和布置处在一个"茫然"的状态，因为大量机械的、封闭的数学练习题填充了小学生的作业时间，而忽视了小学生个体的差异，从而抑制了小学生个人发挥的主观能动性。所以，怎样针对小学教材的新特征，以培养学生发展为中心设计合理的小学数学作业内容，并赋予小学数学作业鲜活的生命力，是当前摆在广大小学数学教师眼前的一项重大课题。

目前，教师更加关注课堂的变革和创新，课堂的教育观念、教学形态、教育手法、教学内容、课堂水平等都出现了质的转变。但是，学校对于以新课程标准为基础，设计全新的数学作业，运用作业内容来培育学生正确的数学价值观，鼓励学生积极地探索，推动学生高效地学习，以及鼓励学生个性发挥等方面的重视依旧有待增强。在教学不断改革发展的背景下，应从以下4个方面着手进行研究。

一、减量提质

"学为中心"背景下的数学作业创新设计应摒弃大量的、重复性的、练习性的作业，在设计基础性作业时，要做到减量提质。教师应摆脱单一的作业方式，充分发挥数学学科生活性、活动性强的优势，并根据学生的学习水平设计层次性作业，从而有效提升学生完成作业的积极性，真正做到通过"质"的提升将作业的"量"减下来。

二、学以致用

以"学为中心"的数学作业创新设计应该来源于日常生活，使学生身处日常生活情境当中，并利用所学知识分析问题和解决实际问题。同时，应该让学生在实践中由直观走向抽象，从直观体验上升到理性分析，搭建知识结构桥梁来促进知识的理解。这不仅是知识的运用，更是能力、情感等多方面的综合发展，可以使兴趣激发、思维训练、能力培养融为一体，进而提高学生的思维能力和动手操作能力，实现教学和生活的有效连接，切实达到学以致用的目的，使学生切实感受到数学的使用价值，不断丰富个人的认知，在操作与反思中提升数学学习能力。

三、多元发展

近年来，作业的设计逐步转向提高学生综合素质的多元化发展。教师可综合学生各学科能力，提出单元统整或学科融合类的练习，从而激发学生多元发展。为了满足学生的不同需求，使不同的学生在数学上得到不同的发展，"学为中心"的作业创新设计要解决"吃不饱""吃不了"等问题。

四、拓宽视野

以"学为中心"的作业设计要有助于扩大知识视角、淡化专业界线。一项对真实的数学问题的处理，往往既要求综合数学的基础知识和技巧，又要求多个学科的基础知识和技巧一起参与，在作业设计上往往遵循以数学课程为主导的原则，以处理生活中的数学问题为切入点，合理整合语文、科技、艺术等多学科知识，以多学科的学习角度启发学习者的探索。

综上所述，小学数学作业的创新和改革是教育工作中十分重要的部分。在"双减"政策及"学为中心"教育理念的推动下，学生应该具有探索创造的能力。作业的创新设计，旨在培养学生数学思维、发展学生探寻知识的能力。从不同角度与方向对数学作业设计进行创新，让数学作业减量提质，让孩子真正做到学以致用、多元发展，同时开阔学生视野，促进学生数学素养的发展。

第二章　小学数学作业现状调查及其设计现状

第一节　小学数学作业现状调查

一、调查目的

本节是针对小学数学作业现状开展的相关调查，旨在用问卷法对学生的作业情况研究、用案例分析法对 C 教师的作业设计进行分析，从师生双方的角度了解目前小学数学作业的现状，发现其中存在的问题并分析成因，最后立足于"学为中心"的背景，以创新型的作业设计作为改进现状的具体对策，以期真正地在教学中落实数学核心素养，改善小学数学作业的状况。

二、调查对象

（一）问卷调查对象

调查样本取自江苏省苏南、苏北 2 个地域，分别从苏南 S 市 S 小学和苏北 Y 市 F 小学的学生中共抽取 1540 名学生作为研究对象，发放了 1644 份问卷，收回 1591 份，回收率为 96.7%；对无效问卷进行筛除后，剩余 1526 份有效问卷，有效率达 95.9%。

（二）案例分析对象

此次案例分析以 S 小学三（1）班数学教师的作业设计为研究对象，分析 C 教师在进行数学作业设计时出现的状况，进而了解数学作业设计中的一些问题。

三、调查设计

（一）问卷设计

学生问卷的编制主要从以下 6 个维度进行划分：作业目的、作业内容、作业类型、作业数量、作业难度、作业评价。总共设计了 26 道单选题，根据目前调查研究中广泛使用的李克特量表设置 5 个选项——完全符合（5 分）、比较符合（4 分）、一般符合（3 分）、比较不符合（2 分）和完全不符合（1 分），继而对小学数学作业的现状进行更全面地了解。题目的 6 个维度如表 2-1 所示。

表 2-1　题目设置维度

问卷维度	题号设置
作业目的	1、2、3、4、5
作业内容	6、7、8、9
作业类型	10、11、12、13、14
作业数量	15、16、17、18
作业难度	19、20、21、22
作业评价	23、24、25、26

1. 预测检验

为了检测学生问卷的有效性，笔者选取了 S 市 S 小学的 200 名学生进行了预测检验。总共发放问卷 200 份，去除无效问卷后，剩余有效问卷 190 份。有效率达 95%。问卷共有 26 题，其中第 26 题有部分学生表示不理解题目含义，因此进行了如下修改，如图 2-1 所示。

26.我希望数学学习是一个具有反馈性的过程
A.完全符合 B.比较符合 C.一般符合 D.比较不符合 E.完全不符合

26.我希望数学作业及时得到教师的反馈和详细评语
A.完全符合 B.比较符合 C.一般符合 D.比较不符合 E.完全不符合

图 2-1　问卷题目修改

2. 信度分析

问卷整体信度表如表 2-2 所示。

表 2-2　问卷整体信度表

项　　数	克龙巴赫系数（α 信度值）
26	$\alpha=0.887$

一般认为 α 信度值的意义如表 2-3 所示。

表 2-3　α 信度值的意义

α 信度值	相关可靠性
$\alpha \geqslant 0.9$	极佳
$0.9 > \alpha \geqslant 0.8$	优秀
$0.8 > \alpha \geqslant 0.7$	可接受
$0.7 > \alpha \geqslant 0.6$	存疑
$0.6 > \alpha \geqslant 0.5$	较差
$0.5 > \alpha$	不可接受

利用统计学软件 PASW（即前 SPSS）对实测数据进行分析，得出本次调查的 Cronbach 系数（α 信度值）为 0.887，各个维度 Cronbach 系数也都在 0.7 以上，因此可以认为此问卷信度较好，有足够的稳定性。

3. 效度分析

问卷整体效度表如表 2-4 所示。

表 2 4　问卷整体效度表

KMO 取样适切性量数	0.832
巴特利特球形度检验卡方检验	5411.46
自由度	332
显著性	0

按照统计学家凯瑟尔（Kaiser）的结论，问卷的 KMO 值大于 0.6、显著性数值小于显著性水平 0.05，则说明问卷具有良好的效度，且适合进行因子分析。由表 2-4 可知，本问卷的 KMO 数值为 0.832，显著性数值为 0，因此本问卷效度可靠，测量方式能准确反映测量对象，具备充足的参考价值。

（二）案例选择

以三年级数学教师的作业设计为案例进行研究，能够更加清晰直观地了解目前数学作业设计中存在的问题。笔者搜集了 C 教师关于"万以内的加法与减法（一）"这一节的作业设计，具体作业设计包含以下内容。

1. 作业内容

学习万以内的加减法，通过画思维导图对本单元重点知识进行梳理，并完成配套练习册第六课时复习课的习题。

2.作业意图

让学生通过思维导图复习整个章节的知识，帮助学生厘清本单元重点内容，了解难点与易错点。要求学生完成配套练习册的复习题，帮助学生巩固所学"万以内的加法与减法（一）"的相关知识点。

四、调查结果分析

（一）学生问卷分析

本研究把数学作业划分为作业目的、作业内容、作业类型、作业数量、作业难度、作业评价6个维度，并结合教师对核心素养的认识来进行系统的分析。为了从各个维度上全面分析小学生的数学作业现状，笔者编制的问卷利用李克特量表法，把完全符合记为5分，比较符合记为4分，一般符合记为3分，比较不符合记为2分，完全不符合记为1分。根据学生问卷成绩的所占百分比、均值、标准差进行统计分析，并结合教师访谈与作业设计案例进行综合整理，得出以下结论。

1."作业目的"维度

作业目的对作业布置起先导性作用，本次调查笔者共设计5道题对小学数学作业目的进行调查，并对调查结果进行均值、百分比、标准差等方面的分析，具体调查结果如表2-5所示。

表2-5　学生在"作业目的"维度的作答情况

题　目	完全符合%	比较符合%	一般符合%	比较不符合%	完全不符合%	平均值	标准差
1.我做数学作业的目的是出自对数学的兴趣	51.70	29.49	15.20	2.16	1.44	4.28	0.899
2.我做数学作业的目的是开阔自己的视野	55.70	30.28	11.40	1.97	0.66	4.38	0.814

3.我做数学作业的目的是把所学的知识技能用到拓展新材料、新情境中去	61.86	26.08	9.96	1.38	0.72	4.47	0.786
4.我做数学作业的目的是复习旧知、预习新知	69.66	23.00	6.16	0.79	0.39	4.61	0.675
5.我做数学作业的目的不是为了应对教师的检查	64.09	21.89	7.40	2.56	4.06	4.39	1.014

由表2-5可知，第1题平均值为4.28，是"作业目的"维度平均值最低的一项。选择"完全符合"和"比较符合"两项的合计占总数的81.19%，也是5题中前两项合计值最低的。这部分学生完成数学作业的目的是出于对数学课程的兴趣。但还有15.20%的学生完成数学作业但对数学作业兴趣一般，还有合计3.61%的学生对数学不感兴趣。第2题的均值为4.38，选择"完全符合"和"比较符合"的合计占85.98%，可以看出这85.98%的学生做数学作业的目的是开阔自己的视野。但也有11.40%的学生表示开阔自己的视野的动机中等，2.62%的学生表示不是出于开阔自己的视野。第3题的均值为4.47，有87.94%的学生表示做数学作业的目的是把所学的知识与技能到拓展新材料、新情境中去。但还有9.96%的学生选择一般符合，2.10%的学生选择"比较不符合"和"完全不符合"，说明2.10%的学生没有把做数学作业的目的上升到将所学知识与技能拓展到新材料、新情境中去。第4题的均值为4.61，是此维度中得分均值最高的一题。有92.66%的人选择"完全符合"和"比较符合"，是5道题中唯一一道前两项之和超过90%的。仅有6.16%的人选择一般符合，1.18%的学生选择比较不符合和完全不符合，由此可知，绝大多数学生做数学作业是为了复习旧的知识，巩固新的知识。第5题的均值为4.39，可以看出合计85.98%的学生写作业不是为了应付教师的检查，但是有合计6.62%的学生写数学作业是为了应付教师的检查。

表2-5反映的现实如下：①大部分学生对完成数学作业有着积极的动机，对数学学习能保持兴趣，也有自我提升的意愿，这对数学教学很有帮助；②有部分学生主动性一般，或仅仅被动地完成数学作业，缺乏自主学习

的意识。

教师在进行数学教学工作时要面向全体学生，而不仅仅是针对大部分学生，培养学生的学习兴趣很重要。也就是说，创新型的作业设计要促使每一位学生对数学感兴趣，"学为中心"的前提是认识到学生在学习中的主体地位，调动学生的主动性。

2. "作业内容"维度

表 2-6 为小学生在"作业内容"维度方面的具体情况，下面进行具体分析。

表 2-6　学生在"作业内容"维度的作答情况

题　　目	完全符合 %	比较符合 %	一般符合 %	比较不符合 %	完全不符合 %	平均值	标准差
6.我认为数学作业的内容在实际生活中用得到	67.76	24.97	6.29	0.66	0.32	4.59	0.668
7.我认为数学作业的内容与当天所学的课题内容密切相关	72.80	22.15	4.39	0.33	0.33	4.67	0.608
8.我认为数学作业的内容主要来源于配套练习册和课本习题	60.16	29.36	8.39	1.11	0.98	4.47	0.775
9.我对数学作业的内容感兴趣	40.16	18.31	13.63	14.18	13.72	3.57	1.335

显示"作业内容"维度的 4 题分别是 6、7、8、9 题，用来了解学生对数学作业内容的认识。由表 2-6 可知，第 6 题的平均值为 4.59，有 92.73% 的学生选择"完全符合"和"比较符合"，说明他们认为数学作业的内容在实际生活中用得到；只有 0.98% 的学生选择比较不符合和完全不符合，说明他们认为平时的数学作业的内容在实际生活中用不到。第 7 题的均值高达 4.67，有高达 94.95% 的学生选择"完全符合"与"比较符合"，4.39% 的学生选择"一般符合"，说明大部分学生认为数学作业内容与当天所学的课堂

内容密切相关；仅有 0.66% 的学生选择"比较不符合"和"完全不符合"，说明仅仅有一小部分学生认为数学作业的内容和当天所学的课堂内容没有密切联系。第 8 题的均值也高达 4.47，有 89.52% 的学生选择"比较符合"与"完全符合"，可以了解到绝大多数的学生认为数学作业的内容主要来源于配套练习册和课本习题，仅有少部分学生认为数学作业的内容主要来自其他渠道。第 9 题的结果均值仅有 3.92，为本组最低，也是标准差最大的一题。其中，选择"比较符合"和"完全符合"的学生占 58.47%，选择的学生占 13.63%，另外有 27.90% 的学生选择"比较不符合"和"完全不符合"。由此可以看出，学生个体对数学作业的兴趣差异较大，一半偏多一点的学生对目前数学作业的内容感兴趣，但不超过六成。

综合来看，表 2-6 反映的现实如下：①目前学生普遍认可数学作业内容的应用价值，也认可数学作业内容与课题内容的关联性；②部分学生对数学作业内容本身的兴趣相对低一些；③部分学生认为数学作业内容的来源较为单一。

因此，创新型作业设计必须让数学作业"有意义"且"有意思"，把学生的重视转化为兴趣，同时丰富数学作业内容的来源。

3."作业类型"维度

表 2-7 小学生在"作业类型"维度方面的具体情况，下面进行具体分析。

表 2-7 学生在"作业类型"维度的作答情况

题　目	完全符合%	比较符合%	一般符合%	比较不符合%	完全不符合%	平均值	标准差
10.我认为在数学作业中，传统的练习类作业占大多数	43.97	37.16	14.68	2.42	1.77	4.19	0.898
11.我喜欢做实践型的数学作业，如做小实验、做数学测量	39.58	29.75	16.45	7.86	6.36	3.88	1.197

续　表

12.我喜欢创新型的数学作业，如探究型作业、阅读型作业、观察记录以及小课题研究	57.21	26.67	13.83	1.70	0.59	4.38	0.828
13.我认为数学作业不是单纯的练习，不是很枯燥	47.14	20.21	9.96	11.64	11.05	3.81	1.412
14.我认为目前的数学作业类型能够调动和激发我的想象力	43.32	13.05	11.47	16.44	15.72	3.52	2.388

显示"作业类型"的维度的 5 道题目分别是 10、11、12、13、14 题，用来分析数学作业类型的情况。由表 2-7 可知，第 10 题的均值为 4.19，有 81.13% 的学生选择"完全符合"和"比较符合"，14.68% 的学生选择"一般符合"，说明一半以上的学生认为目前的数学作业中传统的练习类题目占大多数。第 11~12 题是为了考查学生喜爱的作业类型。第 11 题的均值为 3.88，得分较低，有 69.33% 的学生选择"完全符合"与"比较符合"，这部分学生喜欢实践型的作业；第 12 题的均值为 4.38，有 83.88% 的学生选择"比较符合"和"完全符合"，说明大部分学生喜欢创新型的数学作业。第 13 题的均值为 3.81，有 67.35% 的学生选择"比较符合"和"完全符合"，9.96% 的学生选择"一般符合"，但也有 22.69% 的学生选择"比较不符合"和"完全不符合"，这部分以看学生认为数学作业就是单纯的练习，显得很枯燥。第 14 题的均值为 3.52，也处于较低水平，选择"比较不符合"与"完全不符合"的学生高达 32.16%，说明当前的数学作业类型并没有很好地激发和调动学生的想象力。

整体来看，表 2-7 反映的问题如下：①学生最喜欢创新型的作业，但目前主流仍以传统的练习类作业为主，一些学生感觉数学作业有点枯燥，一些学生认为数学作业的类型不足以激发想象力的发展；②关于实践型作业得分较低这一点，经对学生访谈研究发现，并不是学生不喜欢实践型作业，而是在完成作业时目标不明确、方法不科学，这其实反映了一些教师没有做好引导者与合作者的角色，布置的实践型作业要求不明、不够规范。

《义务教育数学课程标准（2022 年版）》中提出的 11 项核心素养包括应

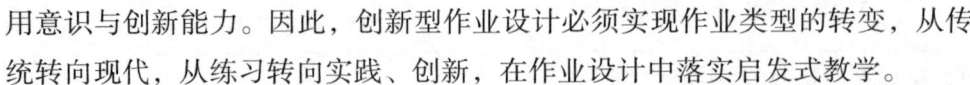

用意识与创新能力。因此，创新型作业设计必须实现作业类型的转变，从传统转向现代，从练习转向实践、创新，在作业设计中落实启发式教学。

4."作业数量"维度

表2-8为小学生在"作业数量"维度方面的具体情况，下面进行具体分析。

表2-8 学生在"作业"维度的作答情况

题　目	完全符合%	比较符合%	一般符合%	比较不符合%	完全不符合%	平均值	标准差
15.数学作业量适中，我能够完成数学作业	76.34	18.74	4.65	0.20	0.07	4.71	0.565
16.我平均每天花在数学作业的时间约为20分钟	50.00	31.52	12.71	4.19	1.58	4.24	0.937
17.我认为教师布置的数学作业量比其他学科少	48.23	31.85	15.79	2.75	1.38	4.23	0.907
18.我认为完成数学作业很轻松，不会增加学业负担	61.21	26.61	9.63	1.51	1.04	4.45	0.811

显示"作业数量"的维度的4道题目分别是15、16、17、18题，用来了解小学中段学生对当前数学作业数量的感受情况。由表2-8可知，15题的均值高达4.71，有95.08%的学生选择"完全符合"和"比较符合"，4.65%的学生选择"一般符号"，只有0.27%的学生选择"比较不符合"和"完全不符合"，说明绝大多数学生认为目前的数学作业量适中，他们能够按时完成数学作业。第16题的均值是4.24，有81.52%的学生选择"完全符合"与"比较符合"，说明大部分学生每天完成数学作业的时间大概为20分钟；有5.77%的学生选择"比较不符合"和"完全不符合"，说明只有很少部分学生认为每天完成数学作业的时间高于或者低于20分钟。第17题的均值为4.23，有80.08%的学生选择"比较符合"与"完全符合"，说明多数学生认为数学作业的量比其他学科少。第18题的均值为4.45，有87.82%的学生选择"完全符合"和"比较符合"，9.63%的学生选择"一般符合"，2.55%的

学生选择"比较不符合"和"完全不符合",说明多数学生认为当前的数学作业很轻松,不会增加学生的作业负担,但是也存在少数学生觉得数学作业不轻松,会导致学业负担。

表 2-8 整体反映的现实如下:①大部分教师在布置数学作业时会注重把控数学作业的时间,基本能落实"双减"政策,没有给学生造成太大的学习压力;②对于少数基础较差的学生而言,这样的作业数量仍会给他们造成作业负担,这部分学生是最需要教师关注的。在"学为中心"的思想指导下,作业量的设计必须分层考虑不同基础学生的适应性,做到"精"而"简"。

5."作业难度"维度

表 2-9 为小学生在"作业难度"维度方面的具体情况,下面进行具体分析。

表 2-9 学生在"作业难度"维度的作答情况

题 目	完全符合 %	比较符合 %	一般符合 %	比较不符合 %	完全不符合 %	平均值	标准差
19.我认为教师布置的数学作业难度较大	12.25	11.34	27.72	27.72	20.97	2.66	1.267
20.每天数学作业的难度基本相同	29.55	34.01	24.38	7.54	4.52	3.77	1.092
21.教师会根据学生的不同水平布置不同的数学作业	22.87	18.87	17.56	15.73	24.97	2.99	1.503
22.教师会布置多项数学作业让我从中选择	19.52	17.23	17.90	18.22	27.13	2.81	1.473

表 2-9 显示的是"作业难度"的维度,4 道题目分别是 19、20、21、22,以此来了解学生对数学作业难度的体验。第 19 题的平均值 2.66,考查的是学生对作业难度的感受情况,有 22.59% 的学生选择完全符合和比较符合,27.72% 的学生选择了一般符合的水平;同时也存在 48.69% 的学生选择比较不符合和完全不符合,说明有部分学生认为数学作业的难度比较大,也存在一部分学生认为数学作业的难度不大,从侧面也反映出的学生之间的差异性。第 20 题的均值为 3.77,通过百分比显示有 63.56% 的学生选择了完

全符合与比较符合，24.38%的学生选择了一般的水平，有12.06%的学生选择比较不符合和完全不符合，说明六成以上的学生认为目前教师布置的数学作业难度每天基本相同。第21题的均值比较低，仅为2.99，主要为了了解教师是否设置不同的数学作业。其中，选择完全符合与比较符合的人数仅41.74%，选择比较不符合与完全不符合的人数高达40.70%。由此可以了解到，目前教师还未能做到根据学生的不同水平布置不同的作业。从第22题的结果可以看出，均值为2.81，平均值为本维度最低，处于完全符合和比较符合的仅有36.75%，选择比较不符合与完全不符合的人数高达45.35%，由此可以看出目前教师很少会布置多种作业让学生进行选择。

表2-9整体反映的现实如下：①作业分层没有得到有效落实，作业难度、作业数量往往"一刀切"，造成了不同基础学生间的不公平；②作业内容对所有人都相同，学生面对作业没有选择权。这样不利于让学生认知自己的真实水平，也不利于学生个性化发展。

因此，创新型作业设计必须把握重难点，充分尊重学生的个体差异性，根据学生的学习基础进行科学的分层作业设计。

6．"作业评价"维度

表2-10为小学生在"作业难度"维度方面的具体情况，下面进行具体分析。

表2-10 学生在"作业评价"维度的作答情况

题　目	完全符合%	比较符合%	一般符合%	比较不符合%	完全不符合%	平均值	标准差
23.数学作业通常都是教师自己批改的	71.30	20.97	6.03	0.98	0.72	4.61	0.709
24.除了教师批改作业外，还会让我自己独立批改作业或者和同学互相批改作业	34.01	23.85	17.43	12.39	12.32	3.55	1.384
25.我喜欢和同学互相批改作业或者自己独立批改作业	32.90	25.03	21.69	9.76	10.62	3.60	1.316
26.我希望数学作业得到教师的及时反馈和详细评语	73.66	19.20	6.29	0.33	0.52	4.65	0.660

　　显示"作业评价"维度的 4 道题目分别是 23、24、25、26 题，以此来了解学生对数学作业评价方面的认识。第 23 题想要了解当前作业评价的主体，该题均值为 4.61，有高达 92.27% 的学生选择"完全符合"和"比较符合"，仅有 1.70% 的学生选择"比较不符合"和"完全不符合"，当前的数学作业主要是由教师批改的，也就是数学作业的评价主体主要是教师。第 24 题的均值为 3.55，有 57.86% 的学生选择"完全符合"与"比较符合"，17.43% 的学生选择"一般符合"，有 24.71% 的学生选择"比较不符合"和"完全不符合"，说明教师较少让学生自己或者同学互相批改作业。第 25 题的均值为 3.60，本题想要了解学生是否喜欢自己或者同学互相批改作业的形式，可以看到有 57.93% 的学生选择"比较符合"与"完全符合"，选择"比较不符合"与"完全不符合"的学生有 20.38%，由此可以说明一半以上的学生喜欢自己或同学互相批改作业。第 26 题的均值为 4.65，选择"比较符合"和"完全符合"的学生占 61.70%，处于"比较不符合"和"完全不符合"的学生仅占 0.85%，说明大部分学生希望数学作业能够得到教师的及时反馈和详细评语。

　　综合来看，表 2-10 反映的情况如下：①在数学的作业评价中，虽然学生更喜欢自我评价或同学互评，但目前多数情况下仍是教师单方面评价，学生被动接受，学生的主体性没有完全体现；②学生希望自己的数学作业能收获教师及时、详细的反馈，这种积极的愿望是一种内在的力量，可以从此切入，促进师生内心的交流。

　　教师要探索激励学习和改进教学的评价方式。"学为中心"，就要让作业评价真正成为师生交往互动、共同发展的过程。

（二）案例内容分析

　　下面从作业来源、作业目标、作业数量与难度、作业内容、作业类型、作业评价 6 个维度来进行细致的分析。

1. 作业来源

　　作业一是教师是在完成本单元教学任务之后，让学生画一个思维导图，帮助学生复习本单元的重点数学知识，具备一定的创新性；作业二是传统的书面作业，其内容出自同步练习册，主要是检测学生对课堂知识的掌握情况，并且巩固课堂所学知识。因此，C 教师作业设计相对比较合理，既有教师自编的题目，又有常规性的练习题。但是，其缺点在于自编性的题目太少，作业设计缺乏创新性，并且自编性的题目没有注意对学生加以引导。

2. 作业目标

通过完成作业一，学生能够加深对于数学知识的理解，即作业一能帮助学生梳理数学知识，从而达到提高学生的逻辑能力的目标。作业二中的随堂轻松练习中的第 1~3 题、课后提升作业中的第 1~2 题是检验学生有没有掌握万以内的加减法的运算方法（口算与竖式计算）以及对加数、和、被减数、减数、差概念的理解，从而达到提高学生的运算能力的目标。课后提升练习第 3 题是让学生运用所学万以内加减法的相关知识来解决实际问题，第 4 题是利用加数和加数以及被减数与减数之间的关系，灵活进行计算，从而达到提高学生数学运算的目标。综上所述，C 教师的作业设计具有一定的合理性，但是较为侧重学生对基础知识的掌握，忽视了学生应用意识、创新能力等素养的发展。并且，有些学生完成作业可能仅仅是完成教师的任务，最终导致作业流于形式，更难以达到提升学生应用意识等能力的目标。

3. 作业数量与难度

总体来说，数学作业的数量适中，大部分学生完成作业大概需要 20 分钟，不会加重学生的学业负担，学生可以有充足的时间从事课外活动，有利于学生的身心健康发展，符合核心素养中培养学生健康生活素养的要求。但是，也有少数学生对知识点掌握不扎实，因此完成数学作业需要花费更多时间。从作业二的练习题来分析，作业的难度分为不同的层次，随堂轻松练习侧重于考察万以内加减法运算方法的掌握，难度偏低；课后提升作业侧重于运算能力的提升，考察对加减法知识的灵活运用，难度偏高。总体难度水平适应学生的实际发展状况，作业难度设计具有一定的合理性，但缺乏针对不同学生的分层作业，对于基础较差的学生来说，作业的难度偏高；对于基础较好的学生来说，基础性的题目过多，难度偏低。

4. 作业内容

C 教师的数学作业内容注重对作业题目的创新，有利于帮助学生梳理整个单元内容，加深学生对知识的认识，但是却没有注重与学生实际生活相结合。另外，该作业设计中随堂轻松练习中的第 1~3 题以及课后提升作业的第 2 题都是考查学生对万以内加减法运算方法的掌握，在内容上有重复性，这实际上在无形中加重了学生的作业负担。

5. 作业类型

该作业设计的类型是创新型作业与传统书面作业相结合的方式，但以传统的书面作业为主，作业类型过于单一。并且，该作业设计缺乏实践性、操作性作业，不利于学生动手操作能力以及实践创新素养的发展。

6. 作业评价

通过观察教师对学生的作业评价，发现教师对学生的评价以等级评价为主，欠缺一些激励性的评价语言，缺乏对学生的针对性评价，仅仅以"对"或者"错"或者等级来评价学生，不利于学生收到有效的反馈信息、及时纠正自己的错误。

从以上 6 个维度来分析 C 教师的作业设计，发现 C 教师的数学作业设计围绕使学生熟练掌握万以内加减法的运算法则来展开，把创新型的作业和传统书面作业相结合，作业数量比较符合学生的身心发展规律。但是，该数学作业设计还存在以下问题：作业来源以练习册为主，创新型题目太少；作业流于形式，并没有使学生真正感受到数学与实际生活的密切联系；作业内容重复；缺乏实践操作性以及作业评价方式单一等。

第二节 当前小学数学作业设计现状

数学是小学阶段的基础科目，小学阶段的数学学习可为学生能力与素养的提高打下重要基础。数学作业作为数学教育教学的重要组成部分，其目的在于使学生在完成作业的过程中巩固课堂所学知识。改进小学数学作业设计是非常有必要的，因为小学数学作业设计还存在以下问题有待改进。

一、小学数学作业设计对个体差异

受到不同学生的家庭教育特点、对数学知识的基础水平和成长条件等多方面影响，每个学生在数学学习过程中体现出来的知识水平也各有不同，知识接受程度较高的学生可以较快解决相应数学难题，但思维缓慢的学生往往赶不上教师的课堂讲授进度。同样，小学数学作业设置上也需要重视这种性格差别，但是部分教师在实施小学数学教育过程中缺乏与学生的沟通交流，在数学作业内容的设置上也较为一致，习惯安排一致的作业类型，这不利于孩子数学基础素质的提高。因此，小学数学作业设计时要重视学生的个体差异。

二、小学数学作业设计创新思维有待补充

数学不同于其他的语言类学科，死记硬背在数学学科中行不通，只有掌握必要的数学计算方式和合理的思维方法，才能完成对数学问题的具体解答。但由于当前部分学生的小学数学作业缺乏创造性，教师只能利用例题进行有关的相似处理，使得小学生无法进行完整的思维练习，教师也无法针对小学生的数学掌握状况开展针对性教育。因此，在小学数学作业设计中补充创新思维是非常有必要的。

三、小学数学作业设计与实际生活的联系有待加强

在开展的数学课程中可以看出，小学数学概念的介绍和例题的计算都是利用现实生活中的一些事例引导学生完成知识理解的。学生能够利用生活的环境了解到更多的新奇东西，因此教师需要充分挖掘他们的知识潜能。在小

学数学作业设计中，教师有时以教材内容要点为核心进行数学教育作业的布置，但这样会使学生的数学思想也容易受限制，无法培养他们独立思考的能力。因此，小学数学作业设计时应加强与实际生活的联系。

四、小学数学作业设计形式有待增加

经过对部分小学生的数学作业设计情况调查可以看出，数学作业的设计往往呈现出类型单一的情况。具体来说，一是例题仿作的问题太多，而综合创新的问题太少，导致学生应付完成任务，不求甚解；二是单纯运算的问题多，应用理解的问题少，且题目设计乏味重复，学生心态较被动；三是需要自主完成的问题多，关注协作交流的问题较少，忽略了与数学协作沟通的实际需求；四是书面作业多，活动实施的问题少，这确实便于教师完成对题目的批改工作，有助于教师了解学生对数学知识的掌握情况，但同时也会使学生形成思维定式，不利于其数学综合能力的养成和提高。因此，小学数学作业设计时应创新多种形式，激发学生的学习兴趣。

第三章　作业设计概述

第一节 作业与作业设计

一、关于作业

（一）作业的内涵与特征

"作业"一词在教育领域最初出现在柏林工业大学。19世纪，德国教育者赫尔巴特（Herbart）的教育思想逐渐传到欧陆校园，他在《普通教育学》一书中主张学习者在课后应用方法并在实践中学习新知识，后来这种思想被广泛应用在小学中，学生有了更多时间在课堂上搞教育，家庭作业也因而变成了课堂教学的延伸。

作业原指职工在下班以后、工厂外要进行的工作任务。运用在学校教育中，即指中小学生在课外的作业，或指中小学生不在教师直接监护下从事的学业。苏联教育家凯洛夫在《教育学》一书中指出："家庭作业是教学工作的有机组成部分，从根本上具备以单独学习的方式来巩固学生的专业知识，并使学生的能力和手段完备化的使命。"

在中国，"作业"一词最先出现在先秦文章《管子·轻重丁》："行令半岁，万民闻之，舍其作业，而为困京以藏菽粟五谷者过半。"此处的"作业"指"每日工业生产活动"，与现代文中的"作业"有所区别，与《辞海》中对作业的理解（为完成生产、学习等方面的既定任务而进行的活动）相近。

中国古代专门讨论教育、教学问题的论著《学记》中，也有对于作业方面的阐述："时教必有正业，退息必有居学。不学操缦，不能安弦；不学博依，不能安《诗》也。"这里的"正业"即正规的教学，"居学"即指在学校休息时间的课外作业，学生对业余时间应当有更广阔的兴趣和热爱，既指学校广义上的教学或作业内容，也包含学校对课堂的补充与拓展，如课外作业。

20世纪80年代开始，中国出版的教学类工具书对作业内容的定义主要采取了凯洛夫的观念。《中华人民共和国大百科全书（教育）》中对"课外作业"的界定为"学生按照教师的规定，在上课之外的时间自己完成的练习。"课外作业是课后的训练、操作或实践，是上课的延续，经过各种各样的课外作业，学生在课堂内掌握的知识、技巧得以进一步巩固和发展。

《中华人民共和国高等教育百科全书》中对"作业"一词的理解如下：学习者为了共同完成课程的各项任务而所开展的教学活动，主要包含了课中教学作业与课外学习作业两类；课外作业是课中教学作业的延伸，是课堂学习的有机部分；而学生作业的主要目的，就是积累和消化学到的东西，从而将专业知识转变为技能技巧。家庭作业是训练学生自主学习能力和创造才能的主要途径，是检验学生学习效果的重要手段之一，还包括以下方面：①课外作业，是由教师按照课程目的、教学内容而自己设置或选定的教学内容；②课外作业不完全是书后学习；③家庭作业既可能是关于课堂的学习，也可能是课堂以外的学习。

当然，这些学校对于家庭作业范畴的划分，也只是比较单纯的知识能力培养的目的和单独作业的方式。虽然这些作业观对于学生获得更全面的认知能力的确起到了良好的效果，不过如果它以"巩固孩子的专业知识，并使孩子的能力和方法完备化"作为学生家庭作业的唯一目的，且过于注重"单独作业"的方式，则将家庭作业异化为一种内涵抽象、复杂、内容乏味，外在为了学生利益、脱离了现实生活、孩子们不得不承担的苦役与累赘，以致沦为了教师的教学任务、教学管理与惩罚孩子们的工具。

《教育大辞典》中对"家庭作业"的界定为"按照教师规定，中小学生在课堂之外学习时间自主完成的活动"，通常看作对课堂内容的进一步扩展，可以巩固和提高学生在课堂中所掌握的基本知识、能力，以及训练他们的自主学习能力和阅读习惯。

中国台湾教育家陈龙安教授在《创造性思维与教学》中提出作业是学生在学校和家庭生活中完成的所有内容，并认为"作"就是创作，本身具有"鼓励""进行"的含义，"业"也就是作业或练习的过程。所以，"作业"是创造性的学习活动或创造性作业的实质。

学者朱仲敏在《美国中小学家庭目的定位研究》一文中，从设置作业主体、完成作业时限以及作业内容3个角度出发，认为"作业是教师设置的，是孩子在家中进行的一项学习工作。这是课堂的补充与延伸，对加强课堂、培养孩子的学习成绩起了关键的作用"。

根据上述学者对作业的认识，作业存在一个共同特点：作业和书中的内容有关，属于对课堂内容的延伸与补充；作业必须在上课以外的时候进行；作业带有强制性的特征。一些学者强调作业具有"创作"的性质，既然是创造性的活动，那么作业的类型应该多种多样，应该是任务或知识的表现。

（二）作业的内容与类型

杜威强调主动的作业、积极有益的作业。主动作业具有相当丰富的内容，除手工、劳作、比赛和竞技活动之外，尚有户外短途旅行、园艺、烹调、缝纫、雕刻、美术、合唱、表演戏剧、讲故事、写作等具有社会目的的作业。

奥斯波姆（Osborn）教授从作业和课堂之间的联系角度出发，提出"在作业中应保持足够比率的，与当前学习内容密切相关的知识点；还应具有适当比率的，对当前学习知识内容的有效复习的知识点；同时作业还要反映当前学习知识中的重点。向要求加强练习的学生增加额外任务；减少耍小聪明的，没有太大意义的，很费事或浪费时间的任务；在安排作业时要附带说明目的。"

英国的中小学课程作业大致有四类：一是实践作业；二是书面作业；三是口头、听力作业；四是表演作业。[1]

利和皮瑞特根据调查研究表明，教师安排给中小学生的作业大致包括四类：一是练习类型，这是最普遍的作业类型；二是预备类型，给学生学习新课作预备；三是拓展型，研究者利用超出在课堂上所获取的知识信息范围，把新技能和观念转化到新情境中；四是创造型，给予研究者批判性思维和解决的机会。[2]

按照任务的功能，可以把作业分成巩固型作业、拓展型作业、学习能力的系统化作业、应用型作业、解决问题作业、介绍新课题作业。

中国学者任宝贵教授指出，学生课外作业可以是传统的书面训练、读

---

[1]张思博.初中英语作业质量改进研究[D].哈尔滨：哈尔滨师范大学，2018.

[2]陈建华.对新课程背景下中小学作业改革的探讨[J].教育科学研究，2006，（1）：5-9.

书、背诵，也可以是社会调研、考察、实验研究等，还可以是看影视、听歌曲、给父母做做家务事等。[①]

罗建和认为，应该把家庭作业细分成感悟生活性的家庭作业和交互式的家庭作业，教师所安排的题目，必须"难易结合"和"难易适中"。[②]

赵天、余本祜认为教学作业主要分为四类：一是读书教学作业，如查阅课本、工具书及各类课外学习书籍等；二是口头教学作业，包含口答、复述、朗读、吟诵、讲解等；三是文字写作，包含书面解答、演算练习、写作、绘画图表等；四是实践操作，包含试验、现场检查、社区考察、各类能力的培养等。[③]

霍启红、康红芹等提供了可以促进亲子感情交流的"亲情作业"、促进教师情感交流的"日记作业"、促进学生身心健康成长的"仰俯（仰卧起坐、俯卧撑）作业"和"病历"作业（给有问题的孩子设计的、希望利用心灵病历的方式解答孩子的问题）、培养的实际知识和创新性的"联合作业"和"创新作业"。[④]

贺静雷教授根据科学研究家庭教育作业提供了开放性的家庭作业种类，如观察式、试验式、制作型、研究型、调查式、阅读型、书写式。[⑤]

尽管以上研究成果未能对家庭作业种类进行系统科学的分类，但却给人们进一步扩大作业的范围提供了很好的思路，并颠覆了传统文本式作业的思想架构，有利于研究者们举一反三地去探究更多家庭作业的种类。

中小学教师必须突破长期以来对作业内涵的固有思维定式——作业即书面作业。《关于进一步减轻义务教育阶段学生作业负担和校外培训负担的意见》规定，小学1~3年级不布置家庭作业，笔者的理解是，不布置重复性、机械性的笔头（书面）作业。那么，教师可不可以布置一些学生喜欢的、感

①任宝贵．家庭作业观之反思与重构 [J]．教育科学研究，2010，184（7）：44-47.

②罗建和．设置情景 激发想象 [J]．西江教育论丛，2005，61（4）：47.

③赵天，余本祜．加强管理，遵循原则，全面实施素质教育 [J]．淮南师范学院学报，2002（1）：92-94.

④霍启红，康红芹．素质教育下的家庭作业设计 [J]．当代教育科学，2010，283（4）：19-22.

⑤贺静雷．挖掘科学教材潜质，设计开放性家庭作业，培养学生的创新能力 [J]．当代教育论坛（教学研究），2010，186（4）：40-42.

兴趣的、有益于自身身心发展的其他作业呢？笔者认为，这是完全可以的，也是不容置疑的。总之，教师要以开放的心态认识作业，用学生喜欢的、有益于学生身心发展的方式布置作业。

（三）当前我国小学作业发展变化的趋势

1. 作业的理念从"知能"本位转向立德树人的根本任务

随着义务教育的普及，学校教学目标需要由"有学上"转为"上好学"，需要更进一步明晰"培育什么样的人、怎么培育人和为谁培育人"，以优化校园教育蓝图。

目前，教学已从重视学生基础知识与能力的养成或重视学生的考试分数转为重视学生的全面发展、健康发展、个性发展、未来发展和终身发展。作业设计作为教育的一个组成部分，毫无疑问，必须适应教育发展的新变化和新要求。所以，不论是"双减"背景下的作业设计，还是以基本知识为指导的作业设计，抑或基于大单元（大观念）和"五育并举"的作业设计，都是从立德树人的根本任务出发，探索如何才能培养适应未来社会发展的人。

所以，作业设计应该体现在以学生为中心。学生作业的时间、作业量、作业难度和作业形式，应该遵循教学基本规律以及学生的心理年龄特征（发展规律），这是对学生心理健康的人文关爱，是对学生正常学习心理状态的基本重视，是以学生为本的基本体现。

2. 作业的价值从"工具"转向"育人"

作业的教学工具性功能主要体现在以下方面。

（1）检验教学效果。对于教师讲授的知识点、方法，学生究竟掌握得如何，还需要通过作业来检验，所以作业检查是教与学的诊断、检验效果的最主要的方法。通过作业完成情况，教师可以了解学生学习的具体掌握情况，进而在课堂教学中有针对性地进行改变，从而提高教学效果。

（2）巩固练习。俗话说"熟能生巧"，做作业就是要把知识点了解得更全面，让学生通过不断练习强化知识。

（3）应用拓展。一些知识是需要教师在课堂上讲授的，一些知识则需要让学生自己去学、去感悟。通过应用拓展，学生的能力与素养将得到提高。这也就是所谓的"举一反三""触类旁通"。

（4）教学反馈。作业是老师了解学生基础知识掌握的基本状况，以及认识整体教与学的配合情况的较为重要的窗口，对教学反馈起着积极作用。

3. 作业的目标从"知识技能"转向"核心素养"

作业是教学的一个重要环节。传统教学中将习题视为基础知识积累的主要方式之一，旨在利用作业有效复习并预习课本知识点，其方法通常为"题型＋套路＋大量重复性练习"。但这一定程度上窄化了学生作业的内容，未来的发展趋势是作业将成为提高学生核心素质的主要渠道，作业是推动学生全员发展、全面发展、全程发展、个性发展、可持续发展和终生发展的有效途径。

4. 作业的主体从"被动"转向"自主"

按照"减负"政策，做作业的进程应该成为学生主动学习、针对性学习、深入学习的过程。同时，教师要尽量将学生做作业的主导权交给学生自己，以使他们感受到完成作业的快乐。

（1）自主习惯。学生在做作业前要查阅教材或整理笔记，以复习当日知识；要做到做作业时不翻书、不看笔记，像考试那样规范写字。养成良好的自主习惯有助于提高学习效率。

（2）自主解题。教师要引导学生自己审题、解题。

（3）自主完成。学生要独立完成作业，这取决于主观与客观两种因素。主观性因素是指学习者必须掌握"三个力"，即较强的自我控制力、良好的记忆力和一定的思维力；客观因素是指作业的内容、地点和时限，内容的多寡和难易程度要适度，场地的环境和条件要适宜，时间的长度和集散要恰当。

（4）自主评价。自主评价是一个反射式的元认知过程，是对知识的认知，是一种高阶思维。因此，学生完成作业后，教师应指导他们主动认真检查，对自己与他人的作业给出建议，做出正确判断，形成"教 — 学 — 评"一体化体系。

（5）自主修改。相比传统的教师批改，师生共改才是更合理的教育方法。这可以养成学生对自己负责、认真仔细的学习态度与品质。

（6）自主创新。教师应该创造条件，努力帮助高年级的学生自己设计作业。这样可以表现学生的自主性和创造力，调动其做作业的积极性和好奇心。

5. 作业的类型从"单一"转向"多元"

丁杭缨、许霜霜[①]将作业分为四类。

一是习得性作业。一般是新授课后，学生初识概念、文本、性质时要跟进的作业。二是拓展性作业。一般在练习之后，学生对单个知识、文本有了一定的理解后进行的作业。三是诊断性作业。一般是复习课之前或之后，学生对多个知识、文本有了一定的理解后的作业。四是创新性作业。一般设计综合性、探究性、项目化的作业。

周璐[②]将作业分为如下四类。

一是基础性作业。方法引路，明晰学习程序；化难为易，演化思考轨迹；投射生活，创造表达契机。二是拓展性作业。拓展型任务要求由单一知识点向外拓展，建立与文本知识互动、与知识经验连接、与核心目标对应的"知识+"作业体系，赋予学习者选择、合作、互助和讨论的平台，并通过一个凸显的环节，让知识、思想、艺术、人文等基础素质在主体目标群产生多种层次的互动。三是整合性作业。编写整合性作业前，应考虑课程中原有的教育逻辑安排，探索学习者的认知心理，根据单元课程目标整理内容，形成认知生长点；营造现实的生活场景，聚焦整体性情境，整合教学目标，促进各元素结合，以导向学科能力的深度整合；透过指向性评估统摄教学任务的完成情况，以实现教与学的全面对应。四是素养性作业。素养性作业是全课程视角下作业的全息融合，尤其注重对高阶思考、专业素质以及超专业能力的培养。

①丁杭缨，许霜霜.单元视角下"四级进阶"式作业架构与实施[J].教学月刊：小学版（数学），2022（3）：4.

②周璐."双减"背景下学作评一体化作业的设计与实施[J].语文建设，2022（4）：5.

王佳怡 [1] 将小学数学作业分为四类。

一是"读"作业——数学阅读促发展。数学阅读写作主要是指根据学生数学实践的有价值阅读，要求学生在阅读材料中抽象出数学知识点、数学思维、数学方法等，以实现学生语言和思想上的自由交流，从而形成富有数学价值的学习框架。当然，教师在安排阅读内容的同时，还要有意识地引导学生读书，逐渐融入一种阅读方式，养成他们良好的阅读习惯。

二是"行"作业——动手实践提素质。"行"作业是指数学教育实务类数学作业，可能是教学基本知识点的前置初探，也可能是针对性的课后拓展。"行"作业设定的重要目的是协调日常生活与数学教育的紧密联系，让学习者切身体会数学作业并非铺天盖地的乏味"题海"，而是新鲜的、切切实实出现于人们日常生活中的新东西。要让学生在进行丰富多彩的实践性"行"作业的过程中，进一步增强观察思考能力、分类归纳能力、活动探究能力，从而全方位提升数学核心素养。

三是"思"作业——回顾总结增反思。例如，利用课堂笔记（规划记录，及时整理）、错题集（且行且思，错中悟真）、思维导图（归纳整理，思维可视）等整理并思考作业。

四是"炼"作业——打磨淬炼展思维。"炼"就是学生在进行阶段性复习后或认识日常生活中的数学问题后，及时记下自己的所思所想，再进行总结打磨，从而生成数学小文章的作业，如四宫漫画编童话、数学日记记趣事、成文探究展思维等。

6. 作业的分析从"感性"转向"理性"

优秀的作业设计应该基于教材，但作业优化离不开教师的理性分析。

（1）分析学生的个体差异。学生的发展过程具有一定的特殊性，因此教师要根据实际需要，对每个学生进行合理归类，并据此对操作的难易、量和种类进行恰当划分，使操作更富有选择性和针对性。例如，可把基本操作细分成稳固型、发展型、创新型，以及"基础＋扩展""基础＋弹性""基础＋特色"等分层作业。分层作业设置，不但要找准划分的根据，更要引导学生

---

① 王佳怡．创新作业模式 助力"双减"启航：浅谈"双减"背景下小学数学 $1+N$ 作业设计探究 [J]．小学教学设计，2022，716（8）：37-40．

量力而行，挑选与自身能力水平匹配或是确定处于自身"拉伸区"内的基本操作。

（2）分析学生的基本能力要求。培养全面发展的人是学校教育的核心目标。教师在设计作业时，要开放学生思维，采用不同的作业形态鼓励学生学习、交流、实践、创新等能力的提高。例如，可尝试把教学作业设置成动手作业型、兴趣活动型、项目演示型、积累训练型、观察记录型等各种形式进行。

（3）分析学生的思维水平。教师在作业设计时要关注问题，不仅要抓住作业中不同问题间的思考梯度，而且要重视学生在完成作业过程中逻辑思维的表现。

7. 作业的设计从"分化"转向"整合"

小学生作业负担大的根源之一就是作业分化，课程间没有前后照应与横向联系。要改变这一局面，还需要综合设计工作。

（1）学科内整合——"瞻前顾后"。作业是教学的延伸与补充。任何一个学科都是彼此联系的知识系统，而不是一个个知识碎片。所以，教师在设计作业时不要仅针对某一课的内容学习，而应该把课程内不同知识点结构化，利用作业对课程内知识点的"前后"进行总结与综合利用。

（2）跨学科整合——左右关联。分化的各学科作业无疑会增加学校压力，因此，可利用彼此之间的协作共同研发与设计跨领域作业。这一类作业的关键在于找准"整合点"，并以此为基础创设合理的问题情境，使学习者在解题的过程中对不同学科知识进行提炼总结。

（3）与学生生活整合——知行合一。作业设计要和学生的生活结合，这样有助于学生更好地进行知识的转移与创新。

（4）与社会发展整合——与时俱进。作业要从内涵上重视社会热点的新需求，同时要注重计算机技术的运用。教师可以通过创新设置智慧作业，以互动课堂空间为纽带建设智慧课堂，同时进行作业推送与批改。

二、关于作业设计

作业设计是指教师按照规定的课程、教学任务、学校情况、学生的经历、考核条件（如中高考）等教育特点，进行调整、修订完善或主动创造其必须达到的学业目标的专业过程。身为"作业系统"中的首要环节，作业设计对于整个管理系统起着指导作用，是确保"作业系统"中的各组成部分有效运作的根本。

首先，教师必须清楚作业设置的指导思想，要根据教育"双减"改革的核心精神，贯彻以学生为核心（学生为本）的教育思想，按照新学科课程标准，以学生核心素质的培育为导向，积极探索作业教育职能。

其次，教师要对作业设计特点进行明确，这样才能更好地掌握作业设计的重点与要求。

作业设计通常具有以下特点。

一是科学化与准确性。作业的科学化，即作业的语言准确、技术要求明确、具体内容可掌握等；作业的准确性，既强化了作业设计要求的目标指导性，也是尽量减少不合理作业、认真实现对作业"减压赋能"的手段。这两种特点都是好作业设计的基本条件。教师可先通过课标和课本总结出核心概念，然后在核心概念的指导下把课标分解为可掌握、可运用、可视化、易检查的子目标，进而达到好作业的科学化和子目标的准确性。

二是设计选择性与层次性。教师应该针对每个学生在不同的情况下实施不同的设计，这既是学校作业改革的关键，又是重难点。而攻克该重难点的主要对策之一便是通过引导教师设定可供选择的教学任务，使教师统一要求和学生选择相互结合。虽然教学作业层次设计在适应学生多样化成长方面具有独特的优点，但也不能忽略"分级作业"的潜在风险，即分级作业有可能会造成部分较低水平的学习者觉得教师对自己没有过多希望，因此放弃了对自己的教学要求。可以把"教师提出不具有明确标识性的分层作业"与"学员依据自身需求与学习能力做出作业选项"进行结合，如设定"作业超市"——在分门别类的基本上，让学生自行选择分类中的"作业套餐"。

三是兴趣的多样化。蒙台梭利指出，作业必须从学生的兴趣爱好出发，要求学生从自己喜欢并可以完成的工作任务中获取成就感。[①] 例如，某学校通过布置"循环日记"和"漂流日记"的作业，让学生在趣味写作中既享受并倾诉自己的喜悦与痛苦，又通过参考别人的精彩作业培养习作意识。兴趣写作可以有效调动学生的学习积极性，提升写作效果。而多样化作业也可以减少单调作业造成的乏味感觉，有助于学生各方面技能的训练，尤其是迁移技能的培养。作业设计多样化有助于教师更紧密地与教学改革相衔接，把基础作业的设置与项目型阅读、探究式学习、STEM 教育（S＝科学、T＝技术、E＝工程、M＝数学）等综合性教学相结合，革新作业方式，丰富写作类型，更有效地促进学生的成长。

四是系统性与结构性。作业设置的科学性设计需要教师有整体性的观点考虑，有意识地提前设计题目；作业设置的结构性设计则要求教师必须全面地考量作业中的所有因素，如正确地设计作业的形式、难度、重点，以及平衡教材中的重、难点问题的比重等。这两个特点的设计有利于教师更有计划地思考作业设置，从而提升作业设置的整体效率。

五是整体性与探究性。当今的教学思想特别强调对学生协作、创造和探索等基本意识的培育。所以，在"作业育人"指引下，不少专家学者对"作业设置"明确提出了"综合性和探索性"的设置标准，其中对"实践性作业""跨学科作业""长周期作业"（如单元作业）尤为推崇。"实践性作业"突出"做中学"，相较于书面性作业突出认识本位的要求，它更注重学生实际、迁移能力的训练。"跨学科作业"注重学科的融合，这就必须强化学科组、年级组间的协作沟通，以便更好地联系和沟通知识结构，建立整体的作业观念。以"长周期作业"的大单元作业为例，它往往用一个大概念对整个的作业过程加以统筹，并且在一定时间的长线上，按照学习者能力成长的水平进行阶梯式作业布置，从而达到每一个长期任务的完成或基本素养的训练。教师要把握好作业的主线与支线联系，细化每周作业的步骤，并对各个步骤设置一定的富有挑战性的目标，以保证学生在长周期作业上的积极性与投入能力。

---

① 刘迎杰. 蒙台梭利教学法 [M]. 北京：高等教育出版社，2019：45-47.

三、建立以学生为中心的作业观

（一）以学生为中心的作业观的内涵

以学生为中心的基本含义是以学生为本，重视教育学生、方便学生、服务学生。学生为中心的作业观，就是教师设计、布置的作业都要从学生个体实际情况出发，重视学生的个体差异，培养学生的个性特点，使每位学生健康发展、个性发展、特长发展和可持续发展，这样才能使每位学生在原有基础上获得全面发展。简言之，以学生为中心的作业观主张个性化的作业或作业的个性化，即作业为学生量身打造。

（二）建立以学生为中心的作业观的原因

（1）任何作业都不能脱离学生个体的实际。如果脱离学生的具体实际，无论多么经典的作业都是"镜中花""水中月"。只有那些适合学生个体的作业才是有效的作业。根据刻意练习的原理，让学生处于"拉伸区"的作业才是有意义的练习。

（2）作业应以学生个体的身心健康为基础。笔者认为，"五项管理"和"双减"是近年来出台的较有意义和价值的两个教育政策性文件。这是因为它们的落脚点和着力点指向学生的身心健康。身心健康是一个人成长的基础。我们除了要为学生布置量身打造的课程作业，还要根据学生健康状况布置一些锻炼身体的作业。

（3）人的智能是多元的。美国社会心理学教授霍华德·加德纳（Howard Gardner）指出，智能是同样重要的几种力量，各种智能是多维度地、相对单一地显示出来，而不是以统一的方法显示出来：①每一个体的智能各具特征；②个体智能的发展倾向和程度，受自然环境、教育条件的影响与约束；③综合智能理论重视的是个人综合处理社会现实问题的能力，以及创作出社会需求的有效商品的能力；④多元智能理论关注的是多维的观察人类智能问题的视角。智能类型包括语言智能、音乐智能、空间智能、逻辑智能、运动智能、自然智能、内省智能、人际智能，如图3-1所示。

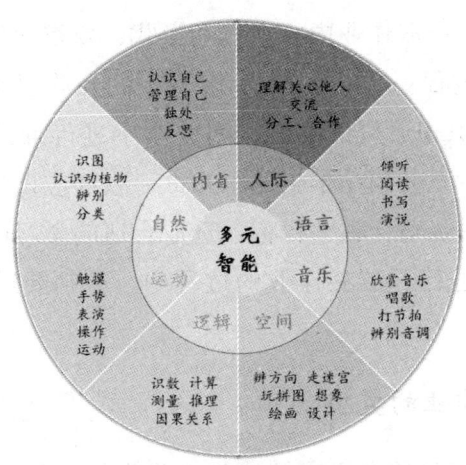

图 3-1　多元智能类型

多元智能为作业设计带来的启示如下：教师必须给每个学生提供丰富多样的智能活动（作业）机会，在充分重视学生个人发展特点的同时，保障学生的全面发展；教师必须转变以往的学生观念，用探索与发展的目光去观察学生；教师要改变自己的作业目标，使每位学生都通过作业学有所得、得有所长，注重识别和发挥学生的优势智能范畴，着重训练每个学生的创造力，并针对学校的不同状况，合理制定每位学生最适宜的发展路线。

第二节　作业设计的类型

一、开放型作业

开放型作业以学生不同智能类型为设计依据，注重协调教师指导性和学生能动性，培养学生个性化和自主化。开放型作业力求将学生全面发展与个性发展有机结合，增强学生自我效能体验，使学生得到更多的学习兴趣和更强烈的学习动机。

（一）开放型作业的理念与意义

开放型作业是学生根据教师规定的任务范围，按照自身的兴趣、知识特点以及学业情况自由选取作业内容的作业形式，要求学生按照作业规定，独立管理作业的进行过程。"学为中心"背景下的开放型作业中，教师会设计与学生现有学习知识相适应的问题，引发学生进行意识碰撞，指导学生积极探索、勇于实践，充分调动学生的求知欲。教师应该在解读教材、分析教材、了解学情后进一步整合教学目标，选取合适的学习内容且基于班级学情设计作业。在学生进行开放型作业的过程中，教师要适时指导，完成教学日标。

（二）开放型作业的类型

开放型作业以发现学生不同智能类型为设计的依据和标准。设计过程中，教师应从多方位、多角度观察并分析学情，了解学生的智力倾向，然后设计尊重学生差异性的作业，通过"观察—分析—重构"激发学生完成作业的主动性。在"学为中心"背景下，开放型作业的类型包括以下几种。

1. 语言与交往类开放型作业

该类作业结合"学为中心"理论中的言语语言智能及交往——交流智能内容。作业完成需要学生在团队合作中充分沟通、交际，以训练交往能力和语音输出能力为主。

2. 音乐与动觉类开放型作业

该类作业结合"学为中心"理论中的音乐节奏智能和身体动觉智能内容。作业完成需要学生记忆和运用所学知识，编唱口诀、做数字手指操等。

3. 空间与观察类开放型作业

该类作业结合"学为中心"理论中的自然观察智能与视觉——空间智能内容。作业完成需要学生通过调查观察等方式收集素材或准备材料。例如，设计轴对称图形、立体图形的拼搭等。

4. 逻辑与自省类开放型作业

该类作业结合"学为中心"理论中的自知自省智能与逻辑——数理智能内容。作业完成需要学生了解事件间的相关与联系，借助自己的认知，总结认识线索，建立认识系统。例如，自制学科小报纸、绘制思维导图等。

为了凸显开放型作业的效应，设计过程中需注意以下 3 个设计原则。

一是课堂学习与课后作业相补充原则。开放型作业以尊重学生不同智能为前提。教师应根据学情，在一定作业要求下，以学习目标为导向，适当提升或降低学习目标。通过主动挑选不同模式的作业，学生可以创生出更具有个人特点、符合自身特长的作业。

二是个性化和自主化相统一原则。开放型作业是检测和补充课堂学习情况的工具。学生在进行开放型作业的活动中可以得到更多开阔视野的机会，从而丰富知识结构、构建知识框架。学生应根据给出的作业评价标准，通过自评、互评的方式主动进行评价、反馈，从彼此的作业中互相学习，获得更有针对性、建设性的意见。

三是指导性和能动性相协调原则。教师的专业指导能促使学生更好地完成开放型作业。教师布置开放型作业前，应向学生清晰地说明要求。通过完成开放型作业，学生可以获得发挥主体能动性的机会，从而主动调整自己的作业策略和努力程度。

二、实践型作业

实践型作业是指学生在教师的引导下，经过各种途径积极开展实验活动，以自己的实际行动去掌握和了解知识点。它是书本知识和社会现实的结合点，其目的是使学生经过自身的实践研究逐步掌握发现新问题、解决旧问题，从而提高他们的整体素养水平。目前，单一的书面作业形式已无法充分适应当下学生的需要，实践型作业成为其有力的补充。诸如趣味活动、深入社区的调查研究、自制学具等都属于实践型作业。具体来说，实践型作业包括以下几类。

（一）调查研究类实践型作业

调查研究类实践型作业是指学生通过调查收集数学信息，并运用所搜集来的数学信息分析和处理数学问题，从中体会数学学习的价值。例如，在掌握了五年级上册的"节约家庭用水"这部分基础知识内容之后，教师就可布置一项调查研究类的实践型作业：①记录自己家中一周的平均用水情况，然后通过这一周的用水情况测算出家中每月、每年的平均用水情况；②测试用流动的水刷牙量，再测试用杯子刷牙需要的水量。要求学生通过亲身研究确定家中每周的平均用水情况，在研究的基本上再加以测算。学生在顺利完成此次关于节约用水调查研究实践作业以后，对节约用水问题有了更加深入的了解。

（二）实际操作类实践型作业

实际操作类实践型作业是指教师在作业中充分调动学生的各类感知器官，使学生在动手操作中获得丰富的数学体验，并顺利完成各项任务。例如，为使学生更好地体会能密铺的图形，教师在课后布置了实际操作类的实践型作业，先动手拼一拼三角形、平行四边形、长方形、正方形、椭圆、正五边形、正六边形、正八边形，再看是否密铺。学生都对类似的动手类实际作业充满兴趣。

（三）实际测量类实践型作业

在掌握"测量"这部分理论知识后，教师安排学生组成学习小组，合作在校园里进行实际测量的作业。面对这样的实际测量操作，学生异常兴奋，因为可以真正将从课本上学到的理论知识运用于生活实践之中，从而切实感受到日常生活中处处有数学，数学来源于日常生活又运用于日常生活。

实践型作业设计是指教师以"情境中的学习活动"为载体，布置多样化的作业，把听、说、读、写等训练形式全面结合起来，激发学生兴趣，提高学生学科素养。为凸显实践型作业的效应，教师在设计过程中需要遵循以下三个设计要则：

一是实践性。实践型作业指在教师引导下的实践性的学习活动，其教学目的往往是有关为什么、怎么办的问题，或带有启迪思维、交叉联系、结果难以直观看到等性质的项目，要求学生反思、研究、探索、总结、分析、检测、创新，从而构建学习模式等。

二是情境性。要有效地推动学生的知识内化，教师必须创造各种情境来协助学生完成这些知识内化。

三是综合性。学生利用在现有方法基础上的建构型活动来实现富有挑战性的目标，这种活动涉及猜想、举例、研究、归纳、表达、处理各种环境中的现象等，活动中解决问题的途径与方法必须结合使用各种方法、多种手段。

根据以上教学要则，学校要采取情境构建、引入现实，置身体验、唤醒现实，活动自主、完善现实，交流互助、实践升华等方法进行作业实施。在实践型作业设计中，教师要基于学科单元主题、内容和要求，针对学生的听、说、读、写设计实践型作业，这样的作业既要适合教材中的知识点，又要适合这个年龄段的学生。

三、探究型作业

探究型作业是指将学生作为教学活动的主体，立足于学生的学，通过探索与研究习得知识，掌握经验，从而形成创造力。探究型作业针对课堂教学和学生特点，将学生日常生活中出现的问题转化成学术上的问题，能够促进学生在科学素养、创新力、实践能力等方面的发展。

探究型作业的目的是培养学生的科学素养，同时培养学生的自主学习能力、探究能力与创新能力。探究型作业与其他类型作业相比具有以下教学价值。

（一）科学性

探究型作业的流程通常分为明确任务、创建组织、制定方案、搜集信息、提取信息、得出结论、展示交流等步骤，同时在探究过程中还要运用多种探究方式，如观察、调查、搜集、整理、讨论等。探究型作业实施的过程比较严谨科学，得出的结论也比较客观。

（二）创新性

探究型作业没有统一的、标准的答案，学生往往会突破常规，发现或产生新奇的有价值的结论。在探究的过程中，学生也会提出新的问题，与原有的作业重新组合，从而得出不同寻常的结论。

（三）多元性

探究型作业在组织形式、过程中运用的探究方式、作业完成的形式都呈现出多元性。探究型作业的组织形式有个人、小组、亲子、外援；依据过程中运用的探究方式，探究型作业又可以划分为实验类、调查类、观察类、项目类、文献类、探究类；探究型作业完成的形式多种多样，如口头形式的汇报、文字形式的小报告、图文并茂形式的PPT、表演形式的情景秀、操作形式的实验秀等。

通过完成探究型作业，学生能获得在知识、能力、情感等多方面多维度的成长，即在原有的知识上拓展了范围，在能力上有了提升，在情感上形成了正确的价值观。

（四）自主性

学生在主动参与探究活动过程中以自己的经验和知识为基础，用自己的方式将习得的新知纳入自己已有的认知结构中，并尝试用学过的知识解决新问题。整个活动中，学生始终占据主导地位。

（五）实践性

探究型作业针对教学内容以及学生特点，将学生日常生活中出现的困难转化成学习中的困难。要求学生借助探究方法，调动多种感官探索、发现生活问题，用已学知识解决生活问题，使得学生的实践活动始终贯穿学习活动。

一个好的探究型作业可以使学生带着对未知产生好奇心的情感体验进行学习，既不束缚学生思维和创意的发展，又不阻碍学生知识的成长，能促使学生在探索活动中培养创新意识，为学生的成长奠定扎实的基石。为凸显探究型作业的效应，教师在设计过程中需要遵循以下设计要则。

一是统一性。探究型作业是为实现基本教育目标而服务的，其教学内容的选取、方案设定、评估的指标都要与教育目标时间、内容、方法重难点以及学生学业水平、身心特点保持统一性。

二是开放性。探究型作业可能是课前的预习、课后的延伸，也可能是课堂的外延，范围越大，学生越能够发挥自身的创造性与思维，开发自己的个性；探究式问题的回答并不是唯一的，而是注重已有科学知识与具体实际情况相结合，更富有开放性。

三是任务性。探究型作业通常需要创设出具体的、可操作性的任务，学生可以采用活动、观察、发现、记忆、互动、实验、交流、合作等学习方法来完成目标任务，在探究的过程中认知、感知自身能力，从而形成新的能力。

四、评价型作业

评价型作业指从学生发展的角度出发，引导学生通过学习实践、环境感受等学习过程后，以书面或者语言的表达方式对所学内容进行评价。对学生来说，教师的课程是一次完整的知识实践，学生学会知识，尝试探索在课堂上进行反思感悟的学习活动。面对学生的个性化表达，教师应以尊重与接纳的心态，帮助学生巩固知识、理解知识，获得学习体验，同时增强学生的自我效能感，使他们展示多元化的自我。

（一）评价型作业表现"真实"

评价型作业是一种对外的展示过程，往往是教师设计学生熟悉或者感兴趣的场景，启发学生思考课堂中呈现的内容，并将这些内容内化为自己的认知，用一种特定的方式外显。其形成的方式，必定是一种真实的表现。例如，通过大脑建构的思维，运用语言的表达，从而将感受向外输出，最常见的方法就是凭借语言与文字，尽管输出的过程可能会用各种辞藻进行修饰，但其中的内核源自其本身的底层思维逻辑。

（二）评价型作业蕴含"真情"

完成评价型作业的过程中，学生往往会将自己内在情绪与感受赋予在各种外显的形式中，通过这些外部媒介表现自己无法用言语抒发的真情实感。

（三）评价型作业显示"真性"

真性可以理解为人类内在的本性。评价型作业不仅仅将"学"与"习"

表现于外在，更多的时候也会将内隐的自身思维方式、个人性格、个体素质等进行整合，通过语言、文字等各种方式进行展示。

五、亲子型作业

亲子型作业即家长和孩子共同完成的教学作业。例如，可以把数学知识融合到美术、设计、亲子游戏、手工、调查等亲子活动中，使数学作业看起来更加生动、有趣。

为凸显亲子型作业的效应，教师在设计过程中需要遵循以下设计原则。

（一）分析教材，心中有目标

众所周知，教材规定了课程的性质、任务、目的、要求，它对教学工作有直接的指导意义。依据教材调整作业的中心和侧重点是作业设计的一大关键。因此，教师要懂得课程的基本思想与基本概念，领悟课程的设计意图，掌握基本知识点范围，弄清楚各单元的目的要求，同时把握工作要点，分清主次，注重与作业内容设计的前后关联关系、重点连贯性。

（二）了解学情，眼里有学生

作业是课堂的延续，帮助学生巩固、复习、拓展所学知识与技能是作业设计的目的。因为学生个性的差异，即学生的认知能力、心理特征、认知习惯、知识结构和基础知识掌握等各不相同，教师在设计亲子型作业前要通过分析学情找准作业的切入点和层次性，或对不同类作业做好相关"预设"。

（三）关注互动，家校有沟通

亲子型作业可以调动家长参与学生成长，了解学校的教育教学目标，能够为学生创设一种健康和谐的家庭环境与校园环境。因此，应厘清学校与家庭之间的责任划分、角色界限，这样才能各尽其责、共发展而行。

六、跨学科作业

跨学科作业以单一学科为核心、多门学科融会贯穿为主要形式，相比于常规的单一作业，跨学科作业可以开阔孩子的知识眼界，打破学科界线，便于学生灵活运用认识，可为学生的可持续发展打下基石。

通过设计跨学科作业，将单一、专项的学科作业进行多学科的有机整合、优化调整，或许就能弥补传统专项作业中的短板。也就是说，可以以某一学科为中心，围绕某个主题或话题，以课程互通、交流合作的角度重组、设计、优化教学作业，以增进跨专业教师专业知识融通和教学经验累积，从而实现跨专业优势互补的目的，以达到教学效率的最优化。

在《中国学生发展核心素养》的指导下，要达到多维、立体的教育目标还需要认真思考课程目标的多维度化与多样性，灵活运用课程内部的相互交错、相互融入、相互浸润，从而在培养学生学习能力的同时使学生在综合性的课程中提高横贯能力，并形成全方位思考问题的思考模式。跨学科作业是一种知识资源的整合、集成，是把新观念转化为一种可具有操作性的课堂实施方式。在设计跨学科作业的同时，教师应通过对学科知识的再认识、再研究，对学生学习兴趣、学习经历及学习需求的再分析，对作业内容的统筹规划设计，对作业形式及评价的多样化编制等，不断提升自我的专业素养。

跨学科作业设计依据学生学情，尊重个体差异，从设定跨学科作业目标、确定各学科作业目标、规划作业内容、确定作业形式和优化作业分析等方面开展。为凸显跨学科作业的效应，教师在设计过程中需要遵循以下设计要则。

一是串联性。跨学科作业以一个学科为中心，横向联系不同专业中的有关知识、技能、情感、态度、价值观等，围绕一个主题或项目活动开展活动。

二是多样性。跨学科作业在同一主题或项目活动中需实现主体学科与其他学科融合的多样性，追求作业内容的多元化、作业流程的活动化、作业表现方法的现代化。要求学生亲身经历多姿多彩的生命世界，让他们参与多种多样的学习活动并以不同的方式有效地展示创作成果。

三是开放性。跨学科作业打破了专项作业封闭式、可预见式的特质，具有开放性。作业设计面向每一个学生的个性发展。

四是实践性。跨学科作业以学生的学习水平及现实生活经验为基础发掘资源，旨在让学生在"做""玩""唱""画""探究"等活动中学习。

第三节　小学数学作业设计体系构建

一、小学数学作业设计体系建构的发展趋势

小学数学作业设计的宗旨是立德树人、减负提质，即落实立德树人根本任务，坚持"减负提质"，贯彻"五育"并举，切实发挥作业作为育人的重要抓手。

设计作业的目的，不仅在于帮助学生记住和掌握课堂学习内容，进而培养学生的学习能力，还在于培养他们的习惯、自主性、社会责任感、坚强的意志品质，以及培养学生学习兴趣和学习激情等非智力因素。教师应引导学生在完成作业的过程中积极思考、自主参与，在丰富学生自我知能（知识技能的简称）的时候培养其积极的作业心态，使其在享受作业快乐的同时进行全面发展。

作业设计的"三个导向"如下：一是素养导向。作业设计要根据实际问题情境，指导学生建构认识并解决问题，以推动学生素质的不断提高。二是目标导向。按照国家课程标准中确定的教育要求和考核标准，学校应针对学生在作业中体现出来的学习态度、学习方式、知识水平和作业成绩等做出多维度的考核，做到以评促学、以评促教、以评促研。三是激励导向。任务设置应以知识教育为核心，重点关注学生学习的基本问题，发掘每个学生作业中的闪光点，启迪学习动机，培养学生阅读能力，培养他们懂得思索、懂得反省，从而增强自主学习的意识。

作业设计的"四个转变"如下：一是设计视觉从"课时本位"转为"整体视角"；二是作业内容从"专业知识能力"转为"整体应用"；三是作业形式从"单项书写"转为"多维参与"；四是作业评价从"结果评价"转向"过程评价"。

二、小学数学作业设计体系建构的策略

教师应遵循学生成长规律，构建专门的作业体系，明确"单元整合、学科实践、项目融合"三种作业设计形式，以生为本，"减负增效"。具体

做到以下几点：一是激发学生主动学习的意识；二是以学科综合引领学生成才；三是分层设计，实现作业的个性化匹配；四是加强对作业的反思与评价。

（一）单元统整，建构作业设计框架

基于单元的作业设计以学科核心素养为导向，基于单元学习目标，整合课程资源，根据学生学情，结合学生生活经验设计作业，将基本的学科知识、必备的学习能力、适合的学习策略分解在每个作业清单里，让学生经历预设、生成、探究、体验、反思、互动、收获、评价等完整的学习过程，通过分学科作业研究、设计和实践，提炼出单元整合作业设计的基本思路。

（二）细化单元作业目标，精选精编单元作业

细化作业目标，要充分考虑不同层次学生的学习现状，设计不同梯度、不同功能的层级作业，满足学生个性化的需求。

教师应该掌握学生的实际情况并和他们一起建立具有某种挑战性的任务。学业情况主要包括学生的起点能力和学业感情，当加入新的教学单位或新的学习项目后，学生自身的行为、掌握能力以及相关知识技能对新学业结果起着至关重要的影响，因此教师应该研究和判断学生的起点技能，即起点情况。而学生的学习感情主要指他们的情感和愿望，如求学愿望、兴趣等。挑战性的任务中，每位学生的练习任务都有一个"最近发展区"（或"拉伸区"），这是对自身能力的考验和超越，其出发点是促进学生的整体成长。

国家颁布的专业知识、专业基础知识的内容要求及教学政策规定已经为单元作业设计确立了目标与依据，为教材制定单元作业设计奠定了既有基础。学习者必须完成课程要求，并将它广泛地运用到各种情境中，以便达到政策规定的要求目标。而在模块作业设计阶段，教师必须逐步细分和明确作业过程中应该渗透和实现对模块核心主题（大概念）的掌握与运用的具体教学需求，并通过学情分析逐步明确还未健全及可拓展性的模块操作教学目标体系，并通过模块操作中的基本问题这一纽带，使其与主体教学需求融合到一起。

（三）满足个性化需求，丰富作业形式

在单元整合作业设计中，应加强书面作业的题型设计，同时兼顾实践类、探究类、操作类、跨学科融合等多样化作业，使学生通过对问题的探究，经历实践体验或小组协同攻关，获取直接经验，保障有意义的学习，促进学生成长。

（四）作业设计梯度化，促学生思维发展

设计多梯级作业，如基础巩固练习、重难点滚动练习、能力发展选择练习等，让学生能够发挥积极性和主动性，不断巩固所学，融入新知。

（五）尊重学生差异，调整作业结构

一是关注学生个体差异，根据作业类型、难度、数量在作业内容中的占比，探索出"基础＋拓展＋综合"作业题型：基础性作业即学生必须掌握的基础知识，旨在检测课堂学习目标的达成情况；拓展性作业有思维导图、错题分析、知识梳理等挑战性练习，旨在激发学生的学习动力；提升性（综合性）作业为实践、探究、学科融合等，旨在引导学生关注和解决实际问题，培养自主学习能力，题型分配比例是 5 : 3 : 2，满足每个学生的成长需求。二是面向全体学生，"基础"作业为必做作业，"拓展""提升"作业为弹性选择作业，以"自助餐"的方式，面向学有余力的学生。要为每个学生提供发展的空间，实现"提优生信心，促自我超越，中等生循序渐进自我提升，潜能生脚踏实夯实基础"的作业设计目的。

（六）注重综合发展，开设"作业超市"

学校应为学生开设周末"作业超市"，供学生弹性选择作业。"作业超市"分必做和选做两类，必做作业主要以基础型作业为主，侧重夯实基础，梳理易错内容；选做作业主要以创意型作业为主，融合各学科教学内容，关注学生生活实践。"作业超市"涵盖书面感悟、实践体验、趣味益智、闯关挑战等各种作业形式，由学生自主选择，让学生练有所得。

三、小学数学作业设计体系建构的实施

（一）提高作业站位，明确作业设计方向

一是体现时代主题。用中国特色社会主义理念培育人，用党的伟大理想营造人，用社会主义核心价值观塑造人，用中华民族伟大复兴的历史使命鼓舞人，让学生深切地体验新时期党和国家各项事业已获得的历史性成就、正在进行的重大改革措施，以辉煌成就影响学校、激励学生，引领学生深植爱国情感，进一步坚持"四个自信"，坚定不移听党话、跟党走，实践"请党放心、强国有我"的誓言。

二是支持"双减"工作。围绕《义务教育课程方案和课程标准（2022年版）》，顺应现代教学规律，强调教考衔接、练考结合，深入知识，重视应用实践，通过在深入理解与知识上的融会贯通、灵活处理，使学生了解基础、内化知识、举一反三，并积极展开探索和深入练习，而不仅仅把注意力放到解题的技能操作能力上，并以此带动学校课堂上注重的作业题、练习减量提质，避免"机械刷题"现象，促进学校课堂上将课程内容说全讲透，从而提高学校课堂教学效益，让学生从校外培训中回归校内课堂。

三是提高思维品质。围绕学生基础能力，强化习题情景化设计，强化学生学以致用与活学活用结合的能力，在日常生活、生产实践、科研等工作中广泛选择并设计情景，训练学生分析处理具体问题的基本技能，完成学生由"解题"到"解决问题"的过渡。密切关注学生的思维过程，提高作业的开放性水平，引导学生应用创新性、发散式的思想多角度剖析具体问题，启发其创造意识，并改革寻找单一标准答案、总结传统答题套路等已固化的作业方法。

四是引导全面发展。充分发挥德智体美劳全面发展的引领作用，注重学生的综合发展和健康成长。构建学生德智体美劳全面发展的作业与教学内容系统，各学科教育协调发展，使作业内容更为接近学生实践，帮助学生意识到体育、美育、劳动教育对个人成长与发展的重要意义，营造支撑学生全面发展的优秀教育生态。

（二）做好五项准备，明确作业设计标准

作业设计涉及学科课程标准、教材、学生、教师、学校管理等多种因素。因此，笔者认为，要适应当今作业设计的变革，教师首先要做好以下五个方面的准备。

（1）搞清楚作业和作业设计的目的（作业设计的方向）。一是打好知识基础；二是调动学生的学习动机；三是完善学法，培养学生终身学习能力；四是培养学生的学科核心素养（必备品格和关键能力），即会用数学的眼光观察现实世界，会用数学的思维思考现实世界，会用现实的语言表达现实世界；五是训练学生在真实情境中解决问题的能力；六是培养学生的创造力和综合应用技能。

（2）搞清楚课程标准的具体要求（作业设计的依据）。一是分级明确整个学段、整册书、整个单元和一堂课的教学目标，找出课标中的哪句话是这册书、这个单元、这堂课的目标要求。二是如何将这句话（教学目标）层级化。各个层级如下：第一层为兴趣、动力和态度；第二层为思考力、判断力和表达力；第三层为各种技能，如观察技能、书面技能、沟通技能；第四层为知识点（或考点）之间关联和整合。三是根据目标制定单元、课堂作业的双向细目表，即确定这个单元、这堂课知识点，每个知识点根据认知目标的六个维度（记忆、理解、应用、分析、评价、创造）来设计作业。

（3）搞清楚学生的学习状况（作业设计的基础）。一是通过调查了解学生喜欢什么样的作业，激发学生学习兴趣和动力；二是搞清楚各类学生的"最近发展区"，以便分类设计，分层布置；三是搞清楚学生的易忘点、易错点、易漏点和易混点，提高作业设计的针对性；四是了解学生的生活环境，将书本知识和学生的生活体验紧密结合。

（4）真正读懂教材（作业设计的根本）。教师要领会教材编写的意图，思考如何依托教材设计作业，如改变例题的条件，让学生进行变式练习；以及思考如何新旧知识整合、如何将所学知识与学生生活经验和学科发展前沿及社会未来发展整合、如何进行跨学科整合等。

（5）通过作业设计提高自身专业能力（作业设计的保障）。作业设计质量最终取决于教师，前面四条的落实都离不开教师的专业支撑。一是要提

升教师的理论修养，尤其是要加强学习理论的学习，因为作业设计离不开学习理论的支撑；二是教师要多做题，做题可帮助教师设计出好题、妙题，把控学生作业时间和作业量；三是教师要注意学生的错题收集，提高作业设计的针对性；四是教师要建立自己的题库，如将那些具有典型性、代表性的题目收集起来，让学生举一反三、触类旁通。

根据上述五点，笔者提出了作业设计的五条标准。

第一，解决学习的动力问题。作业应是学生喜欢的、愿意做的，要贴近学生生活，能激发学生的成就动机。

第二，解决作业的层次问题和质量问题。作业关注应各类学生的"最近发展区"，让后进生"吃得了"，中等生"吃得饱"，优秀生"跳一跳，能摘桃"。

第三，解决学习的策略和方法问题。作业应能改进学生的学习方法，让学生具备终身学习的能力。

第四，解决学科的核心素养问题。作业应能够巩固知识、提高能力、发展思维。

第五，解决作业的时间和数量问题。作业应能在"双减"政策规定的时间内完成。

第四章 小学数学作业创新设计实施

以"创"促"优" 落"减"在"做"
——"双减"政策下小学数学作业创新设计探究

【摘要】在应试教育环境下，"填鸭式"教学和"滚动性"作业让学生苦不堪言。即使在大力强调核心素养大背景下，学生的课内外学业负担也居高不下。为了从根本上解决这一问题，从源头上杜绝这种现象，近来中共中央办公厅和国务院办公厅从国家层面和战略规划上联合出台了《关于进一步减轻义务教育阶段学生作业负担和校外培训负担的意见》，这标志着全面深化教育领域综合改革有了实质性的进展。广大教育人在"双减"政策召唤下，面对如此更大挑战和更新考验，如何切实做到"以创新促优化"呢？本研究结合小学数学教学的实践与探究，从作业创新设计视角出发，对此做出了简要性阐述。

【关键词】作业设计创新；双减政策引领；探究与反思

在学校教育中，"作业活动"是课程教与学体系中的重要组成部分。其根本目的和主要任务在于帮助学生更好地反刍与复习、消化与巩固，对教与学情况进行及时反馈，为后续性优化与调整提供一定的基础和依据。在小学数学课程活动中，为了达成"智力强化"教学目标，即使在全面强调"减轻学生负担"的大背景下，"书面作业""机械训练""高强度反复"等作业现象仍未从根本上得到切实有效的遏制。为了把"校内作业负担"和"校外培训负担"降到最低程度，盼望已久的"双减"政策终于从国家层面上高呼而出并落地有声！面对这样的挑战和考验，在"双减"背景下教师应如何通过作业创新设计来进行积极回应呢？

一、优化创新 激发情趣

"兴趣与情感"属于人的内在驱动现象，是影响行为过程和活动效果的"非智力"因素。爱因斯坦说过："兴趣是最好的老师，它比人的责任感往往还要来得重要。"教师在作业设计时，应认真迎合小学生生动活泼的良好心态，善于在"优化与创新"上做好并做足功夫，这样既可促进儿童更好地学用结合，又能在反思中把他们逐步引向善教乐学的良性发展道路。例如，在"轴对称图形的认识"教学后，教师可激励学生运用新学知识，通过喜闻乐见的"绘画"或"剪纸"形式，设计并创作各自喜欢的轴对称图形，并相互之间进行"看一看、比一比、评一评"。实践证明，这种方式很受小学生的欢迎。

【案例1】"认识大于1元的人民币"学习之后，设计如下探究性作业。

每一张人民币都是一张国家名片，传递着每个国家的风土人情和历史文化。小小的方寸空间，浓缩着设计师的高度智慧，也承载着人们对美好生活的向往。精美的图案，到或深或浅的底纹，再到或人或物的主画面，不仅浓缩着设计师的高超智慧，也潜藏着5000年来最深邃的国学文化，快去找找吧！

学生兴趣盎然，通过不同形式的探究，发现了"藏在人民币"中的秘密，并用稚嫩的文字记录下来（见图4-1）。

图4-1

这样一来，通过对人民币文化的探究，学生进一步加强对人民币的了解，有助于培养自身的爱国主义情怀及爱护人民币和勤俭节约的良好习惯。

二、优化创新 生活互动

无论从何种角度或哪一层面上来说，数学现象与社会生活之间的关系都是不可分割且深度融通的。值得强调的是，包括数学在内的知识教育，只有在"生活作用"下才能产生实质性意义。在小学数学作业设计时，教师应更多地考虑"生活互动"因素，让生活性作业更好地促进让学引思和学用结合。例如，在"行程问题"教学后，要求学生在自主搭建小组形式合作下，在校园操场上以"步"代"车"；或者在家庭生活场地上，在"亲子互动"状态下，实际感知"相向与同向而行""同时与同地出发""相遇"等现象以及"速度、时间、行程"三者之间的关系等。这样既可激励学生活泼地"动"起来，又能使其在生活互动中更好地理解与内化知识。

【**案例2**】"元、角、分"单元学习之后，设计如下实践性作业。

我们已经学习了元角分的知识，同学们能记录一次用人民币购买商品的经历吗？描述付币和找币的过程。

作业例选（图4-2）：

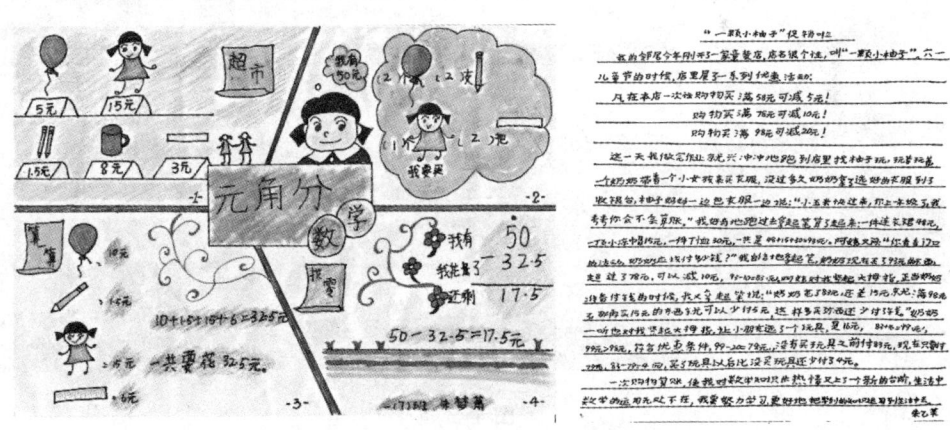

图4-2

这种方式要求学生用不同形式记录下实践过程，进一步巩固元角分的知识，在生活中感受人民币的用途和用法。

三、优化创新 情感体验

"纸上得来终觉浅，绝知此事要躬行。"陆游这一千古诗句旨在强调"自主实践"下的"情感体验"的必要性。就小学数学课程活动来说，教师善于设计建立"情感体验"基础上的作业形式，不仅有利于逐步培养学生"手口眼脑"良好互动、协调共进的意识、能力和素养，而且有利于其更好地走向"实践与反思"的课程活动目标。上面所说的"生活互动"现象，就是情感体验的实质性体现。再如，基础教材上普遍存在的"折一折、剪一剪、拼一拼、做一做"等，都是引领儿童情感体验作业活动的优质资源。

【案例3】"认识厘米"学习后，设计如下开放性作业。

用学生尺测量手机、筷子、书本的长度并记录下来。想一想，测量时需要注意什么？伸出右手的一拃，估计一拃的大约长度并用尺测量验证。观察桌面长度大约为几拃？大约多少厘米？观察自己卧室，想一想，如果用一拃测量，会有几拃？大约多少厘米？你觉得用厘米做单位来测量合适吗？查阅资料，看看有没有比厘米更大的长度单位，你觉得选择哪个长度单位比较合适？

作业例选（图4-3）：

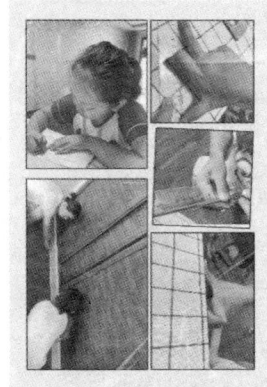
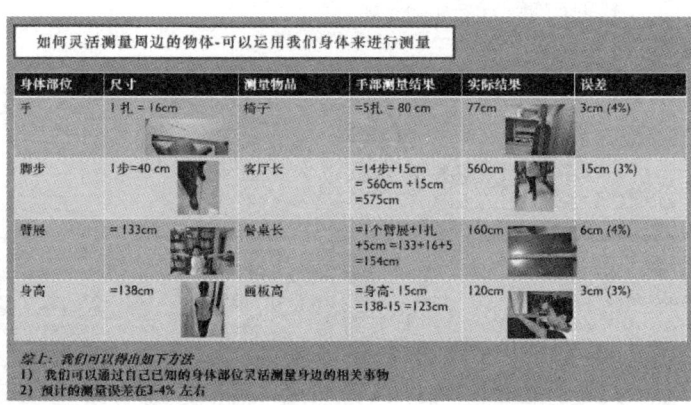

图4-3

学生通过亲身体验，深刻感知长度单位的产生来自生活的需要，更能理解和感悟选择不同的长度单位可以更准确地刻画和描绘客观世界中物体的量。

四、优化创新　德智双赢

数学拥有丰富的具有"智慧和真理"的知识。无论数学知识还是学科活动，都蕴藏着"道德与审美"元素。"蒙以养正，圣功也。"理论和实践充分表明：数学不仅是"教"出来的，还是"学"出来的，更是"做"出来的。这种"做"原本就是"工具性与人文性"的有机统一现象。只有"智力"而没有"道德"元素的渗透和融入，绝对是行之不远的。儿童数学作业活动现象同样也不例外。教师应根据课程内容和儿童发展等需要，适量地布置一些富有人文性的作业。例如，激励小学生通过读书阅报和信息技术途径，收集一些古今中外的数学家故事，并与其他同学共同分享、相互启发。再如，在作业设计时，教师应适量地考虑一些能够"激励、唤醒、引领"儿童"合作共赢"精神的作业形式和内容。"以德树人"是构建"学力课堂"的灵魂元素。"德智互动"下的作业活动，既可帮助小学生不断地求取"真知"，又能更好地激励与引领他们去学做"真人"。

【案例4】"元、角、分"单元学习之后，可联系学校的"农贸节"，设计如下实践性作业。

义卖活动要开始啦！你会当好小小售货员吗？学习了"元角分"，参与了义卖，你有何印象和感受？随便写一写，画一画吧！

作业例选（图4-4）：

图 4-4

学生通过自主进行商品买卖，可以体会人民币在生活中的作用。同时，在"农贸节"义卖活动中，学生可以得到锻炼，懂得"钱"的概念，体会父母工作的辛苦，学会从小关心他人。

五、优化创新　激励引领

"智慧、情怀和艺术"长期被誉为"教育三元素"。前两者通俗易懂，也是"教书育人"的应有之义。那么，什么是"教学艺术"呢？众所周知，在由无数学生个体组成的班集体学习与活动中，学生相互之间存在"个性差异"现象。这就要求广大教师——无论在课堂教学还是作业设计抑或教学评价时，都要充分考虑不同层面的学生需要，善于把"因材施教""因人设计"与"因人施评"有机地结合起来，推进学生整体性进步。例如，在阶段性复习过程中，教师可根据学生作业中出现的一些典型错例设计"评价性作业"，引导学生在个体或小组状态下进行自评或互评。

【案例 5】《元、角、分》单元学习后，设计如下评价性作业：

学习了《元角分》后，你能记录一次用人民币购买商品的经历吗？描述付币和找币的过程。

小亮同学在反馈的时候说：我买了 46 元的小积木，我可以付 4 张 10 元和 1 张 6 元。

小明同学马上有不同的看法了，他说："不对不对，你应该付 1 张 40 元和 6 张 1 元。"

①你觉得他们说得对吗？如果是你，你会怎么付？

②请你综合评价这些小朋友的话。

作业例选（图 4-5）：

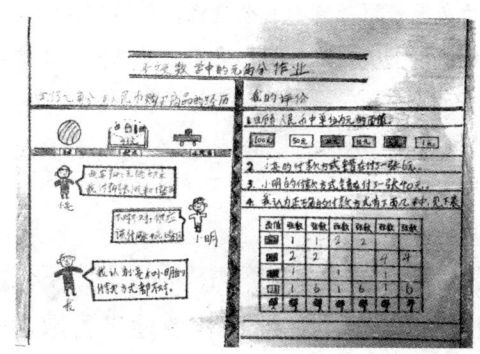 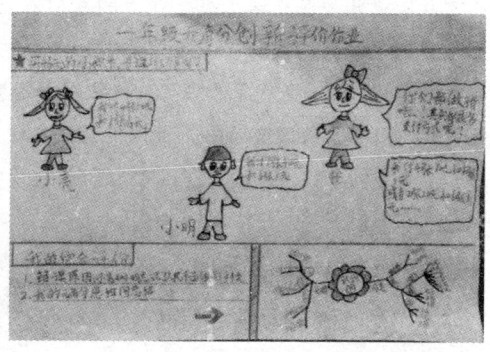

图 4-5

通过评价同伴的作业，学生既能巩固"元角分"的知识，也能更熟练地将学到的知识正确应用于生活。教师评价应与儿童自我评价、相互评价相结合。

总之，"双减"的根本和任务并不是单纯地减少学生的作业量，而是真正强调作业设计上的"优而精"，以及学生在作业过程中的"情与趣""乐与动"等。教师应高度重视并善于贡献"教育三元素"。

【参考文献】

[1] 胡晓敏.创新小学数学作业设计，提高儿童学科活动情趣：对教学相长的探究与反思 [J].中小学教材教学，2021（2）：65-66.

[2] 李笑妍.如何把"畏学怕做"转化为"乐学好做"：从小学数学作业设计创新谈起 [J].江苏教育研究，2020（10）：63-64.

[3] 张阁蓝.创新作业设计提升教学质效：以核心素养下的小学数学课程活动为例 [J].读写算：教育教学研究，2020（12）：77-80.

（唐惠玉，发表于《江苏教育》，此处稍做修改）

减量提质："学为中心"视角下
小学数学作业设计

【摘要】随着"双减"政策的大力推行，素质教育成为当下热议的话题。以"学"为中心、高效且能提升和深化学生综合能力的数学作业是实现素质教育的有效途径，教师在设计作业时要立足学生，做到"减量提质"，从关注作业过程中关注学生的成长。要做到结合教学实例论述以下方面：基于童真，让作业妙趣横生；源于生活，让作业学以致用；开放多元，让作业打破桎梏；腹有诗书，让作业灌溉心灵的策略与实践。

【关键词】数学作业；学为中心；优化设计

数学作业是学生课后自主学习数学的重要途径，数学作业的设计不仅要有效地巩固课堂教学的重点内容，也要引导学生在课后有效地进行数学探究，内化数学思想方法，解决数学实际问题，培养良好的数学学习情感。"双减"政策下，要求数学作业为学生提供多元开放的学习素材，成为学生获得数学成长的跳板，要让学生在作业中自主探究、深入思考，在作业中不断进步、全面发展，从而提升实践应用能力、多向思维以及创新意识。

一、基于童真，让作业妙趣横生

要引导学生积极主动地投入学科学习中就必须激发学生的兴趣，因为学生是否能成功地投入一门学科的学习中和学生的学习兴趣有很大关系，那些具有强烈学习意愿，对学习内容有兴趣的学生一定会比那些没有兴趣、不愿意学习的学生学得更好、更快。因此，优化设计有趣的数学作业，应合理满足学生的情感需要，突破传统单一枯燥的"写""算""记"，将数学知识融入具有创造性和趣味性的活动中，让学生综合运用掌握的知识、技能来展现自我，充分激发学生的学习兴趣，调动学生的内在需求。

（一）赋予趣味，在游戏中巩固

对于小学阶段，特别是低年段的学生，游戏形式的学习过程可以有效地抓住学生的注意力，因此教师在设计数学作业时可以尝试以游戏的形式来实现知识的巩固和内化，这样充满趣味的学习过程必然会被学生喜欢，从而点燃学生对数学学习的热情。

例如，在学完"100以内加减法"之后，教师可以设计"移动火柴棒"的小游戏，即通过移动一根火柴棒将错误的算式修改正确，游戏也不局限于实物小棒，学生可以在纸上画出，让其他同学或者教师去解答，课余回家还可以去考考爸爸妈妈。通过"移动火柴棒"来巩固100以内的加减法，学生不仅可以收获数学知识，还能充当出题的小老师，从而发展的逆向思维。

七巧板拼图是我国一种传统的数学游戏，外观看似简单的七巧板，拼装起来却奥妙无穷，可以给人无限创造和想象的空间。二年级的学生初次接触平面图形，课上讲解的图形特征对于他们来说可能只是枯燥乏味的知识点，思维水平还处于发展阶段的他们，需要身体上各种感官协同发展认知，这样才能实现知识的形象化、具体化。设计七巧板拼图游戏让学生在游戏中开动脑筋，在玩游戏动手操作，可以在巩固认识的同时提升思维力和创新力（图4-6）。

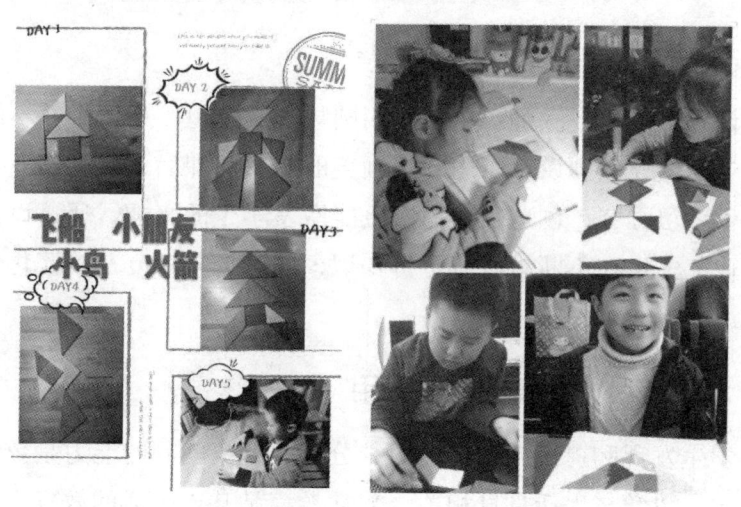

图4-6

（二）激发兴趣，在操作中提升

动手操作是学习数学的重要方式，只有让学生动起来，数学才能活起来。对于低年级的学生而言，他们还没有发展到抽象思维阶段，更需要借助丰富多彩、生动具体的事物去获取知识。因此，教师需要结合教材的具体内容设计一些动手实践的创造式作业，让学生在动手操作中感悟数学。

例如，在学生认识完图形后可以让学生进行"有趣的拼搭"。学生通过课堂学习了解了各类图形的基本特征，根据图形的特征自己动手探究，设计、拼搭一些有趣的造型（图 4-7），这样富有创造性的作业必然会让学生跃跃欲试。

图 4-7

在"认识圆"后，教师要求学生用圆规画圆，但不少学生并不能很熟练地使用圆规，因此教师设计了用圆规画美丽图案的课后创造式作业，比起枯燥地让学生练习画圆，创造美丽图案更能激发学生的兴趣。通过设计创造式的数学作业，学生在不断尝试中习得知识，同时提升对复杂多元化信息的处理能力。

二、源于生活，让作业学以致用

培养学生发现和提出问题的能力、分析和解决问题的能力是数学课程的总目标之一。数学与生活息息相关，数学教育是基于生活的教育，因此在设计数学作业时，教师应取材于生活，让学生置身真实情境中，通过观察、实验发现和提出问题，综合运用所学知识、技能来分析和解决问题，提升学生的实践应用能力。

（一）融入生活，在应用中理解

例如，六年级学习"利率"的时候，学生又一次接触到了人民币，课本中关于"利率"的知识只有短短的一课时，学生对于"利率"的认识只是觉得它是一个百分数，不能理解它的实际意义。

因此，教师设计了应用式作业，让学生利用假期调查四大银行的不同期利率，让他们选择一种存钱方案，学生很感兴趣。通过计算、对比、计划等应用过程，"利率"在学生的脑海里不再是冷冰冰的数字，这样的实践性作业也解决了学生在解决问题时经常搞混的"年利率"和"月利率"的问题。

又如，在学完"认识时间"内容后，学生学会了观察钟面、读取时间，形成了初步的时间概念。为了培养学生观察与推理的能力，让学生认识到珍惜时间的重要性，教师可设计应用式作业，让学生记录下自己的作息时间，了解自己一天的行程。观察并记录的过程，正是学生回顾所学内容的过程，这样丰富了学生对时间观念的认知，让学生学会了珍惜时间。

（二）置身实践，在活动中感悟

应用式作业可以将课本中的单个知识点融入生活中，在解决问题时运用理解知识，可以让数学知识更加生动，因此教师要善于以实际问题的解决为重要导向，设计更多立足学生的活动式作业，让学生在活动中明白数学是基于生产、生活需要而创造或发现出来的，不只是抽象符号和乏味的数理计算。

在学习"元角分"之后，学生系统地认识了人民币，但问题解决时不仅限于学生能够认识不同面值的人民币，还会要求学生灵活运用加减法进行付币和找币，这一过程涉及不同单位之间的换算，因此取币、换币、付币、找币等不同形式的数学活动对于学生来说都很重要。鉴于不少学生实践经验不足，在解决数学问题时经常弄不明白，教师以农贸节为载体，为学生创造环境，设计了义卖活动。这样的活动形式让数学成为学生解决实际问题的工具，激发了学生对数学知识的探索欲。

在六年级的总复习阶段，学生总觉得数学知识枯燥零散，因此教师设计了"自行车中的数学"这样一个实践活动，以生活中常见的有关自行车的实

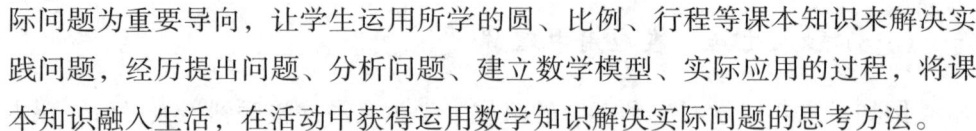

际问题为重要导向，让学生运用所学的圆、比例、行程等课本知识来解决实践问题，经历提出问题、分析问题、建立数学模型、实际应用的过程，将课本知识融入生活，在活动中获得运用数学知识解决实际问题的思考方法。

三、开放多元，让作业打破桎梏

数学不仅是自然科学和技术科学的基础，还在人文科学与社会科学中发挥着越来越大的作用。数学不是一个孤立的学科，数学作业也不应局限于数学知识，要打破学科的限制，突破课本的束缚，发展学生的多向思维以及创新意识，培养合格的综合型人才。

（一）开放多元，在融合中革新

数学不是独立的学科，数学作业也可以冲破传统作业的"形单影只"，一个综合作业的完成需要学生相互配合，团队协作。真正的数学作业设计应能培养学生沟通合作的能力，教会学生在学习过程中选择适合自己的部分，教会他们承担责任，教会他们与他人交流、配合——这些能力在以后的工作中都是不可或缺的。

例如，在学生综合复习"图形与几何"时，教师可以设计"为学校共享空间设计凳子"的综合作业，创设让学生探究"如何合理地设计共享凳子"的问题情境。问题探究过程中要串联起各类图形的各项特征，同时要求学生通过计算立体图形表面积和体积来规划和选材。学生在探究问题的过程中，会自主勾连图形的零碎知识。比如，凳子需要支撑使用者的重量，需要具有稳定性，因此学生在设计凳子时就要考虑图形的稳定性。为了使凳子美观且利用率高，不仅要考虑凳子的占地面积和使用面积，还要结合美术学科的色彩搭配对凳子进行装饰和改进。

又如，学生发现校园里的指示牌对于低年级的孩子来说较难理解，他们便萌发了做一个学校建筑模型的想法，教师鼓励支持开展了"校园建筑模型拼搭"的实践作业。学生对于拼搭并不陌生，但是想要实现建筑模型的搭建却要融合建筑、数学、技术等多方的学科知识。这就需要学生在操作初期先大量查阅资料，对于建筑模型的搭建进行了解和细化。

接下来，学生通过制作方案绘制模型简易结构图，以小组形式介绍，从数据的收集、数据的处理方法、比例尺的选择、搭建初步规划与分工，到模型制作材料的选择意图阐述整个方案的构想与可能存在的困难。可通过教师和组间提问的方式引导学生组内讨论、交流找到方案的不足，完善整个制作方案。在介绍与交流的过程中，教师可以针对实际情况讲解模型制作涉及的知识，这些知识不再属于孤立的单一学科，而是将打破各学科之间的界限，运用各学科互动的方式完善学生的知识结构。以"教学楼间距的设计"为例，学生在测量计算的过程中发现学校西北角教学楼前的草坪尤为潮湿，从而学习了楼间距对建筑物采光的影响，并尝试在平面图上寻找更为合理的楼间距。

最后，各小组利用课前准备好的材料及工具，根据修改之后的制作方案，制作校园建筑模型。在实施制作过程中确实出现了一些困难，学生不断地尝试，在这样的成长中习得了技能，充分发挥了学生的创造思维和发散思维。例如，学生在"如何测量教学楼高度"时遇到了困难，对于测量高度学生还比较陌生，但基于学生已有测量长度的基础，教师鼓励学生通过查阅资料。学生通过初步设想、进一步探索和细化拟定测量方案，自由选择测量方法，如利用参照物法，分别对木棒和建筑物影子进行测量，按比例进行推导计算。再通过设计好的比例确定建筑模型高度。需要注意的是，教师应正确引导学生使用机械工具，确保学生安全，保证高效高质地完成模型制作。

（二）推本溯源，在探究中升华

苏教版四年级数学课本中有一节实践活动课"怎样滚得远"，学习后学生可能都知道斜坡的角度为45°时物体滚下来的距离最远。但是，生活中需要利用木板斜坡运送东西时学生还是会满脸疑惑，因此教师设计探究作业，让学生通过自主探究明白受力的原理，让他们不仅学会知识，还明白在生活中怎么体现与运用。

四、腹有诗书，让作业灌溉心灵

"学为中心"视角下创新设计的数学作业不仅要重视基础知识、基本技能的巩固加强，还要符合学生的年龄特点，让数学作业多层次全方位地拓宽学生视野，使其在感受数学本质的同时，学会用数学眼光观察世界、用数学思维思考世界、用数学语言表达世界。

（一）腹有诗书，在阅读中温润

数学课程应致力于实现义务教育阶段的培养目标，要面向全体学生，适应学生个性发展的需要，使得人人都能获得良好的数学教育，不同的人在数学上得到不同的发展。如何让学有余力的孩子"吃饱""吃好"是每一个教师应该思考的问题，教师可以为学生提供合适的数学阅读材料，如 1～3 年级阅读《我爱学数学》《好玩的数学》，3～4 年级阅读《荒岛历险》《数学营养菜》，5～6 年级阅读《数学家的眼光》等。

数学阅读往往被忽视，但优秀的课外读物可以将枯燥的数学知识、难懂的数学方法、有趣的数学思想以生动的故事呈现给学生，让学生在阅读中掌握知识，引发数学思考，从而培养数学能力。

（二）慧心妙舌，在表达中成长

"学为中心"视角下数学作业的创新设计不能是无针对、无层次、无创新的机械重复，应该让学生大胆地"说数学""议数学"，鼓励学生尝试用文字语言、图形语言、符号语言诠释数学知识，提高语言"互译"能力。

为了让学生有更多的机会表达想法，教师尝试以学生分享讲题视频的形式，给学生充分的展示机会。学生在讲题的过程中，充分整理表达了自己的思路，通过观看讲题视频，教师了解了学生的掌握情况，而其他学生不仅可以掌握基本的解题方法，还可能获得不同的思路启发思考。

总之，要对作业设计进行优化改革，有效落实新课标的相关要求，这是实现素质教育的有效途径，更是基于学生发展的根本需求。只有这样，学生才能在作业中不断进步、全面发展，提升实践应用能力、多向思维以及创新意识。

【参考文献】

[1] 刘义标 . 基于儿童视角创新数学作业："学为中心"背景下小学数学作业创新设计例谈 [J]. 数学教学通讯，2017（10）：17-18.

[2] 中华人民共和国教育部 . 数学课程标准 [M]. 北京：北京师范大学出版社，2012.

（戴叶，发表于《数理化解题研究》，此处稍做修改）

让作业从"作品"变"产品"
——"学为中心"视角下小学数学作业创新设计

【摘要】作业是学生在课外进行的独立学习活动，是夯实学生能力的有效途径。如何切实做到"学为中心"，变"作品"为"产品"呢？应该结合小学数学教学的实践与探究，探究作业需要的内容，从儿童化、生活化、形式多样化及评价多元化四个方面阐述"学为中心"视角下小学数学探究性作业创新设计方法，从不同的教学实践案例展示作业创新设计方法的效果。

【关键词】学为中心；小学数学；作业创新设计

"双减"之于教师是一个新的挑战，既要减少作业量、控制作业时间，又要提高学生的核心素养。数学作业是小学数学教学极其重要的部分，有效的数学作业设计一方面可以帮助学生在作业完成的过程中逐步形成系统的知识体系，另一方面可以推动学生多种能力的发展。探究性数学作业的设计让教师的生活不再像以前那样简单重复，而是富有挑战性。在"学为中心"视角下，教师要基于儿童视角进行数学作业的创新设计。

一、作业设计儿童化

陈鹤琴在《家庭教育》中写道："小孩子生来就是好动的，是以游戏为生命的，也是生来好奇的。"数学作业只有变得满足学生好胜、好奇、好玩、好动的天性，才能让学生真正喜欢，从而全身心地参与其中。既然学生喜欢去思考，也总爱和大家分享他们的发现，那就不如给他们舞台，让他们去探索、去和别的学生分享自己的发现。

（一）激发学生的好奇心

好奇心是孩子的天性，学生总爱问"为什么"，他们有着自己天马行空的想法，总对不懂的东西着迷。学生善于发现问题和提出问题，这就是学生学习的内驱力。在课堂中，教师需要牢牢把握学生的好奇心，从学生感兴趣的知识点出发设计探究性作业。可以尝试把知识融入学生好奇、喜欢的动画形象中去，这将大幅提升学生思考的欲望，拓宽学生思路。

（二）带动学生的双手

在一些课堂教学中，教师通常会设计学生动手操作的环节，由学生直观感受探索到的规律会比教师灌输更加记忆深刻。同样，探究性作业的设计也离不开学生的动手。例如，教师在一年级的寒假和暑假分别给学生布置了立体图形的创意拼搭和平面图形的创意贴画，学生通过对图形的理解，创造出了各种"艺术品"，巩固了对知识的理解。

（三）提高学生的积极性

教师可以巧用学生的好胜心，将作业用游戏的方式合理展现。例如，苏教版二年级上册教材中几乎都是计算的学习，学生在学习过程中逐渐躁动，每日小口算的速度和准确率也不理想。基于此，教师可以设计小比赛，比一比哪个小朋友口算速度最快、正确率最高，此做法会大幅提高学生的积极性。

【案例1】在《认识物体的几分之一》一节中，分数对于学生来说是第一次接触，也是个难点。

为了让学生能够更快地理解分数的意义，可以先通过"分饼"进行探究。

师：现在有四张大饼，猪八戒先吃了一半，又吃了一半。小朋友们每两人一组，四张大饼自己分，看看最后还能剩下大饼吗？

课堂的末尾再回到故事中来。

师：孙悟空也找来了一块饼，他可不像猪八戒，只顾自己，他说："我先把它的1/2给师父，再把剩下的1/2给沙僧。"猪八戒一听，急了："完了，猴哥把饼分光了，呜呜……"同学们，你们觉得猪八戒说得对吗？这里的两个1/2一样吗？

在这些课堂作业中，学生开始动手操作，通过分一分、折一折感受出1/2，可以更好地理解分数的意义，满足学生好动的欲望，也为之后的学习奠定了基础。

二、作业设计生活化

无论从何种角度或哪一层面上来说，数学现象与社会生活之间的关系是不可分割且深度交融的。数学和生活不只是共存，更是同进。数学知识只有在学生熟悉的生活作用下才会产生实际意义，否则只是无源无本。

（一）作业设计要来源于生活

数学与生活休戚相关，生活使数学显得更加生动、更有活力，数学的学习很多都是引导学生观察生活，因此数学作业的设计也要源于生活。部分习题中会出现"小玲要买 15 元的东西，付了 17 元，请问找回多少元？"的问题，看似合理的问题却隐藏着一个矛盾点：纸币面额有限，付 17 元，又为什么需要多付两元再找回呢？像这种看似能够提升孩子思维的问题却脱离了生活。因此，生活情境类作业的设计要充分考虑生活实际。

（二）作业设计要应用于生活

数学的学习是为了帮助学生将知识运用到生活中去，作业的设计不仅是为了对课堂教学内容进行巩固和拓展，也是一种自我调节、联系生活的学习。因此，作业的形式不应该局限于简简单单的计算题，而应该通过练习，培养学生在今后生活中学会自己运用知识解决问题的能力。

【案例 2】在学习完连加连减过后，教师布置了下面的题目。

师：2021 年奥运会上，中国运动健儿们以 38 金 32 银 18 铜收官，每一块奖牌都来之不易。不过要获得奖牌可不容易，选手们需要进行很多场比赛才能见分晓。今天，我们就来说说体育运动中的数学知识吧！看到我国的乒乓球"梦之队"在奥运赛场上大放异彩，同学们是不是很激动呢？下面请思考几个问题。

（1）奥运会乒乓球比赛的第一阶段是团体赛，即 32 支球队分为 4 个小组进行单循环赛。请问，每一组至少要赛几场呢？

（2）团体赛结束，每组排名前两名的球队将进行"八强"的淘汰赛，即每赛一场，输的一方都退出比赛，胜的一方继续和其他球队比赛。那么要赛几场才能决出冠军呢？

学生可以通过画一画、写一写找出结果。

周末期间，刚发出自主学习建议，教师就收到了学生带来的惊喜（图4-8）。

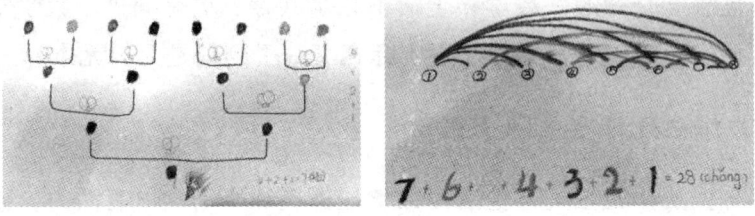

图 4-8

学生在自己理解的基础上，用各自独特的方式解决这个题目，作业生活化大幅拉近了数学和生活的距离，让学生在生活中都有思考、有话说、有兴趣。

三、作业形式多样化

《义务教育数学课程标准（2022年版）》指出："数学教学不能停留在只掌握课内知识的低层面上，要让学生体会到数学在生活中的作用。"因此，数学作业的设计应不拘泥于传统的作业形式，而是知识性与现实性、挑战性相结合，体现数学的应用性，让学生能够全身心地投入其中，提高自身的学习兴趣和实践能力。数学作业可以是一篇小日记，也可以是一个小表演，还可以是一张美丽的图片。

（一）数学作业可以是探究性作业

"纸上得来终觉浅，绝知此事要躬行。"陆游这一诗句在说明什么呢？意在强调"自主实践"下的"情感体验"对于学用结合来说兼具重要性和必要性。学生可以通过一个个有趣的小实验进行探索。小学生在空间抽象思维上有些薄弱，如解决倒水问题时，许多小朋友被文字绕晕。教师可以让学生回家用杯子、物体和水做一系列小试验，多次试验，改变不同的条件，使学生能更加直观地感受到水量的不同，巩固所学知识。苏教版教材上频繁出现的"折一折、剪一剪、拼一拼、做一做"等学生活动，都是引领儿童情感体验作业活动的优质资源，教师可以此为基础设置探究性作业。

（二）数学作业可以是反思性作业

学生可以定期思考以下问题：近期我学习了什么？重要的内容是什么？这个单元哪些知识点我需要掌握并熟练运用？哪些需要动手操作？可以回顾一天所学的知识，也可以回顾这一个单元学的内容，抑或对近期错题进行反思，从中总结经验。教师也可以开展师生共写数学小日记活动。在实际课堂中，教师可以利用课前三分钟，按学号或者一定的顺序请学生开展"星火小舞台"的活动，让学生在班级中分享自己的经验或想法，总结先前学习的内容。

（三）数学作业可以是学科融合性作业

学科融合是当今教学的发展趋势，数学作业同样可以是学科融合性作业。例如，学习《七的乘法口诀》时，作业设计不仅可以联系到数学的七巧板，也可以联系到音乐的七个音节、语文的七言绝句、科学的七星瓢虫、天文的北斗七星等。同时，也可以设计对全班同学身高体重健康情况（BMI）进行整理和分析，将数学学科的统计与整理和科学学科的知识相联系。这样一个综合作业的完成需要学生相互配合，团队协作，培养了学生沟通合作的能力，教会学生在学习过程中选择适合自己的部分，教会他们与他人交流、配合。

【案例3】在一年级下学期《认识人民币》的一节中，可以进行下面的设计。

师：每一张人民币都是一张国家名片，传递着每个国家的风土人情和历史文化。那同学们了解人民币的奥秘吗？请写一写人民币的故事，大家一起交流一下！

学生拿到这样的作业后一看、二摸、三听、四测，亲身接触人民币，既满足了学生们的好奇心，还能让他们通过和其他同学分享的过程和结果进一步加深自己对知识的理解。下面是一位学生的作品（图4-9）。

图 4-9

学生用自己的语言，结合自己的发现，用讲故事的方式和大家分享了人民币的发展史。学生从自己的视角去探索，收获到的知识远远超过教师一人的分享。

四、作业评价多元化

作业评价也是作业探究的一部分。在"学为中心"视角下，作业评价不再是教师对学生的单方面评价，也需要学生进行评价。生生互评、师生共评都是让学生张开嘴、动脑筋评价的方式。

（一）学生相互评价

教师可以设计让学生"找茬"的小作业，找出指定作业中的问题或者闪光点。这样的评价型作业，不仅能帮助学生找出问题，也能帮助学生开拓思维。学生的反馈通常能超出教师的预期，更有学生能够总结本单元的知识，像小教师一样进行评价。

（二）师生共同评价

师生共评一方面可以是学生对教师的回答进行评价，再由教师对学生的评价进行评价，另一方面可以是针对同一件作品，教师和学生一起，共同评价。学生从自己的已知角度出发，对作品进行剖析、评价，自己不仅能因得到教师的肯定而充满热情，也能从教师的作品中感悟教师的思考过程，探寻方法更优化。

【案例4】请根据要求评价这份作业。

师：学习了元角分后，你能记录一次用人民币购买商品的经历吗？描述付币和找币的过程。

生1：我买了46元的小积木，我可以付4张10元和1张6元。

生2：不对不对，你应该付1张40元和6张1元。

要求：①你觉得哪位同学说得对呢？②如果是你，你会怎么付？③请你综合评价这些小朋友的话。

学生作品（图4-10）

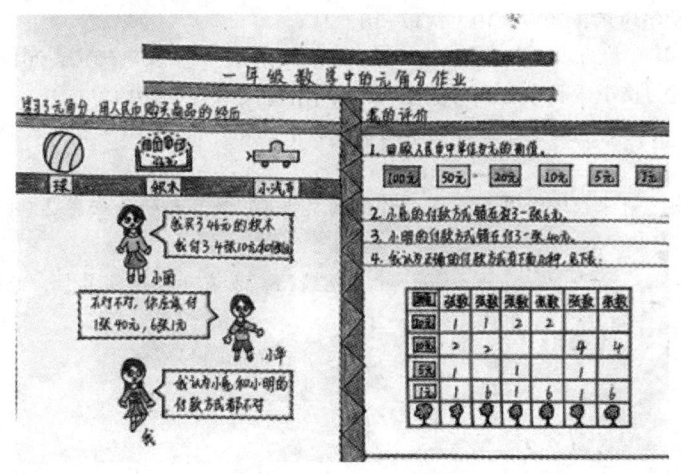

图4-10

教师评语：

你用小表格的方式总结了我们学习的部分人民币的面额，特别清晰。同时你对小朋友的评价也很到位，看得出来你很爱思考。

教师作品：

我们知道，以元为单位的人民币中只有面额为 1、2、5、10、20、50、100 的，并没有 40 和 6 的面额的人民币。买 46 元的小积木，需要支付 4 张 10 元和 6 张 1 元，或者 2 张 20 元和 3 张 2 元的。小朋友们，你们还有什么好方法吗？

学生评价：

教师说的人民币真全面！我觉得还可以用 4 张 10 元和 3 张 2 元的人民币。

新课标改革旨在优化学生的学习方式，探索并实施创新型的数学作业设计将会是一个极其重要的突破点。因此，如何参照新课程标准，设计"学为中心"视角下创新型的数学作业，借助作业来构建学生正确的数学观念，吸引学生主动去探究，促进学生有效地学习，培养学生个性发展等方面，还需要教师继续探究和实践。逐步将"作业布置"转向"作业设计"，让作业从"作品"变成"产品"，使学生在有限的时间里得到最大化的发展。

【参考文献】

[1] 刘义标. 基于儿童视角创新数学作业："学为中心"背景下小学数学作业创新设计例谈 [J]. 数学教学通讯，2017（10）：17-18，21.

[2] 董焕军. "学为中心"：让数学作业更有效 [J]. 中小学教学研究，2014（9）：6-8.

[3] 张丽平. 谈小学数学作业的多元化设计 [J]. 华夏教师，2019（35）：69-70.

[4] 杨宏. 例谈小学数学作业的趣味化设计和个性化评价 [J]. 小学教学参考，2021（11）：56-57.

[5] 陈雪娟. 新课程理念下数学课外作业的类型 [J]. 教育科研论坛，2008（4）：2.

（包婧怡，发表于《读写算》，此处稍做修改）

个性化作业"套餐"需"分灶烹饪"
——"3·3·3 法"数学作业设计

随着新课改的深入实施，如何利用数学作业培养学生的学习能力，以及如何进行有效的课堂巩固，已成为一个崭新的课题。

基于此，现笔者将有关数学作业设计"3·3·3 法"的内容进行介绍，希望对数业作业的设计有所帮助。

一、划分三个层次——尝试因人而异

素质教育的第一要义是要面向全体学生。由于受文化环境、家庭背景及自身因素的影响，在数学知识与数学能力上，学生之间存在客观上的差异。教师应针对学生的个体差异设计有层次的作业，为每一个学生创设练习、提高、发展的环境，让全体学生都能在练习中得到提升。

第一，在作业的提供上，为学生提供作业"套餐"，允许学生自主选择，减少统一性，增加选择性。根据每天的教学情况，给不同层次的学生布置不同等级的作业，让每一个学生都有收获。笔者将作业按难易程度由浅入深分为 A、B、C 三个层次。思维能力、理解能力比较强的学生可选择 C 层次，中等学生可选 B 层次，次者可选 A 层次。

例如：在教学了"长方形和正方形面积"之后，笔者设计了如下的作业。

A 组：

①一个长方形操场的长是 100 米，宽是 30 米，它的周长和面积各是多少？

②一个正方形的边长是 4 厘米，它的周长和面积各是多少？

B 组：

①一块长方形广告牌，长 24 米，宽是长的一半，这块广告牌的面积是多少平方米？合多少平方分米？

②一个正方形花圃的周长是 80 米，它的面积是多少？

C 组：

①一个长方形的周长与一个正方形的周长相等，已知长方形的长为 8 厘米，宽为 4 厘米，请求出正方形的面积。

②从一张长 10 厘米、宽 8 厘米的长方形纸中剪下一个最大的正方形，剩下纸的面积是多少平方厘米？

这样一来，根据不同层次的学生设计模仿练习、变式练习、发展练习三类，充分体现"人人学习有价值的数学，人人都能获得必需的数学，不同的人在数学上有不同的发展"。

第二，根据学生之间的差异，设计一些具有不同的解决方式和结果的练习题，以满足不同层次学生的需要。

以教学"长方形和正方形周长"为例：用 6 个边长是 1 厘米的正方形拼成一个长方形，拼成的长方形的周长是多少厘米？

这道题的答案有两种情况。

对 A 组的要求：只要能解答出其中一种情况即可。

对 B 组的要求：尽量用不同的思路来解决问题，会画图来解答两种情况。

对 C 组的要求：不仅算出两种答案，而且能从中发现这种拼图的规律，从而体会到"长方形面积相等时，长与宽相差越大，周长越长"的规律。

教师应给每个学生挑选适合他的问题，不催促学生，不追求解题数量，让每个学生经过努力都能成功。让学生根据自身不同知识水平与能力来主动完成作业，就能让他们在达到不同要求的同时获得成功的体验。

二、推出"三大板块"——尝试有效巩固

笔者将每天作业的设计分成"三大板块"，即复习作业、巩固作业与预习作业。

（一）复习作业

复习能有效地巩固所学知识，使知识在大脑中保留很长时间。因此，笔者在作业设计中增加了一项每天一练的"数学乐园"，只有两三道题。主要内容为对前一天知识的巩固，或是对上一单元知识的复习，或是最近有难

度、学生容易混淆或容易犯错的题型；对学有余力的学生，笔者还增加了一道"聪明"题，鼓励学生主动自觉地用心思考、探索。

（二）当天巩固作业

划分三个层次的学生，尝试因人而异。

（三）预习作业

预习是学生自己摸索、自己动脑、自己理解的过程，也就是自学的过程。笔者在设计预习作业时，主要侧重于让学生在预习中有所思、有所得。

例如，"平移与旋转"的预习，笔者是这样设计的：先自学课本的内容，然后把所得、所想、所悟跟父母交流，并分别找出生活中的5种"平移与旋转"现象。又如，在学习"千米"之前，笔者给学生安排了这样的预习：在家长的帮助下，步行1000米，写成数学日记。这样一来，每一个学生以自身经验进行预习，必然会有自己独特的体验和感受，这些体验和感受都可以作为课堂上交流的材料，都是课堂上特有的资源，将使课堂教学变得充实、丰满起来。

三、循环三天作业——尝试巧妙搭配

每天授课的相关练习题分成三天做：拓展题明日复习做；一般题当日巩固做；容易题提前一天预习做。当天学生完成的练习是复习拓展题（前一天授课的内容）、巩固的一般题（当日授课的内容）和预习的容易题（明日授课的内容）。

学生是数学学习的主人，数学新课程的基本出发点就是促进学生全面、持续、和谐地发展，作业设计的创新与改革，也应立足于此。因此，在作业设计中，教师应充分体现学生的主体地位，提供给学生自主参与探索、主动获取知识、分析运用知识的机会，这样才能让学生真正成为一个学习的探索者和成功者。实践证明，笔者尝试的数学作业设计"3·3·3法"，有利于针对不同层次的学生开展以人为本的个性化教学，有利于巩固课堂教学效果，有利于培养学生的独立思考能力与学习能力。

（唐惠玉，发表于《吉林教育》，此处稍做修改）

关于"双减"政策下如何发展创新型数学作业的探究

【摘要】近年来，《关于全面深化课程改革落实立德树人根本任务的意见》《关于进一步减轻义务教育阶段学生作业负担和校外培训负担的意见》等文件的出台，一定程度上加快了我国教育事业改革进程。"双减"政策的提出，不仅改变了现有的教学架构，而且为教师教学、学生发展指明了方向。基于此，本研究围绕"双减"政策，对当下小学数学教学工作开展现状进行分析，从政策内涵出发，对现有的作业布置提出具体优化策略，在保证教学进度的同时，给予学生最大程度上的课堂体验，进而落实素质教育、人才培养工作的根本任务。

【关键词】"双减"政策；小学数学；作业创新；策略分析

当今教育背景下，落实"双减"政策、聚焦学科核心素养已成为小学教师教学工作开展的重点。在新的时代背景下，小学教师要遵循教育规律，立足学生发展需求，全面理解教育工作的核心内涵，以"双减"政策为导向，转变以往"知识讲授＋知识练习"的教学思路，注重学生能力、思维的养成，从而保证学生能力、素养的协同发展。作业是学生在课堂教学之外完成的一种自主性、探究性、有意义的治理或技能活动，它作为教学工作的重要组成部分，不仅能够帮助学生对所学知识进行梳理，而且在多种作业形式的引导下，能够发散学生数学思维，实现知识、能力间的相互转化。下面从以下几个方面进行分析，以期为广大学者后续研究提供有价值的借鉴。

一、"双减"政策的内涵与启示

"双减"的政策注重校内外教学质量的协调，主张教师将教学重心放到课堂教学中，注重教学质量的提升，以服务学生为主，不断优化教学内容，使学生回归到课堂中，感受课堂学习的快乐。校外教学要以辅导为主，不能占用国家法定节假日开展各种辅导工作。如何落实"双减"政策是摆在全体教育工作者面前的重要课题，其不仅能促进学生身心健康全面发展，也能促进课堂教学质量提升，使学生精准定位学习要求，促进自身学习能力的提升。

二、"双减"政策下数学作业创新策略

（一）围绕典型例题，布置有效作业

与一般学科相比，数学知识丰富、逻辑性强，对学生能力、素养等方面的提升有着积极的指导作用。作业作为一种"补充式"教学，能够帮助学生对现有的知识进行巩固，对新的知识进行预习。教师在布置教学作业时，要立足学生现阶段能力，遵循"双减"政策的"有效性"，围绕典型例题，合理布置数学作业，从而确保学生学习质量。

以"人民币换算"一课为例，本节课的重点在于学生要认识人民币，并掌握其基本换算关系。对此，在布置数学作业时，教师要围绕元、角、分的换算关系，设计综合题型，并联系生活实际，引导学生进行思考。例如，教师可创设"日常购物"的教学情境，采用对话的形式，将本节课考点展现给学生。在此过程中，教师可开设"辅助作业板块"，为学生准备相应的任务书或是思维流程图，让其在阅读的过程中总结对话关键信息，并借助教材、对话指引，明确作业的基本考点，从而发挥出数学作业的核心价值，促进学生学习能力的提升。

（二）立足学生差异，布置分层作业

由于年龄、思想、认知等方面的不同，学生对数学知识的感知力存在差异。为此，"双减"政策下，教师在设计课后作业时，要立足学生的实际情况，对作业进行科学分层，满足不同层次学生发展的同时，凸显数学作业灵活性的特点。

以"统计与可能性"一课为例，教师可以依照数学思维、解题能力等内容，将学生划分为三大类型，即Ⅰ组基础小组，Ⅱ组中等提升小组，Ⅲ组竞赛型小组。针对不同类型的学生，教师要布置相应的任务，既要保证每个阶段的任务具有关联性，又要注重其与课堂教学的联系性，以此提高学生学习能力。对于Ⅰ组学生而言，教师要以当前教学内容为主，以本节课核心目标为导向，设计相应的学习任务，使学生逐步达成目标的过程中建立学习自信。对于Ⅱ组学生而言，教师要在原有核心目标的基础上进行巩固，如引

入生活案例，布置综合性作业，让学生结合生活经验实现对知识的内化与整合。对于Ⅲ组学生而言，教师应以核心素养发展为中心目标，既要保证他们自身的学习发展，又要促进其综合素养的健全拓展，引导学生拓宽思维广度与认知面，获得更高级的发展目标。例如，教师可以布置"班级学生喜欢的颜色"统计作业，让学生利用课下时间进行调查统计，以调查报告的形式上交统计数据，以此强化他们的知识运用能力。

（三）依托教学目标，布置针对作业

数学公式、数学定义是小学数学作业的两大核心。对此，教师在布置数学作业时，要立足教学大纲，以学生能力发展为导向，渗透针对性教学、差异化教学等理念，以保证学生学习质量。

以"三角形"一课为例，教师可围绕课程标准、教学目标设计多个作业链，辅助学生巩固数学知识。例如，教师可设立几个思考作业题：生活中常见的三角形都是什么样子的？哪种类型的三角形更加稳定一些？针对每一个问题蕴含的知识点，教师可采用作业链的形式，将知识点进行拆分，并通过实际问题辅助学生思考，在提高作业针对性的同时，提高学生学习效率。

（四）遵循教育规律，布置综合作业

小学数学教师要遵循教育规律，精心设计动态化作业，在提升课堂温度的同时，使学生获得别样的课堂体验，感受数学知识的魅力。以"圆"一课为例，为了帮助学生更好地掌握圆的一些知识，如周长计算、圆的绘制等，教师可设计"理论思考＋实践运用"的数学作业，组织学生走出课堂，通过实践操作，实现对数学知识的掌握与运用。例如，教师可围绕"圆周长计算"这一主题布置作业，为学生准备一些圆形纸片，让其根据现有的工具进行周长计算。在此过程中，教师可提取"滚动法""绕线法"中的重点内容，以任务书的形式下发至每位学生手中，并根据其能力进行分组，使其在小组合作思考的过程中完成作业任务。在学生实践过程中，教师要做好巡查工作，一方面对学生实践情况进行记录，分析其存在的问题，并为日后布置针对性作业提供参考，另一方面对学生给予及时的点拨，保证学生学习自信心的同时，提高其数学能力。

（五）巧借信息技术，布置多元作业

信息技术是当下教师教学工作的重要辅助工具，其丰富的教学资源不仅改善了原本枯燥的教学氛围，而且能够通过不同形态，给予学生别样的学习体验。对此，"双减"政策下，教师要结合不同的练习任务来创设情境，这样既可以增添作业的新鲜感，又可以加深学生对数学知识点的记忆与运用，提高教学成效。以"小数计算"这一知识点为例，教师可转变传统的文字作业形式，依托微课导入超市购物情境，向学生展示各种商品价格和超市打折信息。同时，教师可让学生扮演小店长，根据活动要求，计算商品活动价格，以此保证学生学习积极性。针对学生能力的不同，教师还可以创设游戏情境，如创设数字填空游戏，围绕"小数和整数混合计算"这一知识点，设计阶段性学习任务，并制定相应奖励政策，让学生沉浸在数学计算的快乐中，实现知识、能力的相互转化与相互提升。

三、结语

综上所述，"双减"政策背景下，小学数学教师要重新审视教学与育人工作之间的关系，明确数学作业对于学生能力提升的重要性。同时，在日后作业布置环节中，教师也要以"尊重学生个体差异"为前提，围绕典型例题，布置有效作业；立足学生差异，布置分层作业；依托教学目标，布置针对作业；遵循教育规律，布置综合作业；巧借信息技术，布置多元作业。要多措并举，提高课后作业育人成效，转变学生学习思路，从而真正落实"双减"政策的育人目标。

【参考文献】

[1] 李春霞.我的精彩我做主：小学数学个性化作业设计的实践与思考 [J].全国优秀作文选（教师教育），2020（6）：42-44.

[2] 丁善容.基于核心素养下的小学数学有效作业设计研究 [J].学苑教育，2020（31）：17-18.

（王晓清，研究组成员之一，发表于《智汇湾畔》，此处稍做修改）

"双减"背景下小学数学家庭作业的优化设计

【摘要】在"双减"背景下，教师要优化家庭作业设计，既要"减量""减时"，也要"增质""增效"，要能激发学生的自主学力，调动学生的参与兴趣，培养学生的数学素养。本研究主要从作业内容多种、作业形式多变、作业类别多样以及作业评价多元等角度阐述小学数学家庭作业优化设计的有效策略。

【关键词】小学数学；双减背景；家庭作业；优化设计

2021年，国家出台了《关于进一步减轻义务教育阶段学生作业负担和校外培训负担的意见》（以下简称"双减"政策），着力改变"剧场效应"、题海战术等问题。在"双减"背景下，教师要着力改变数学家庭作业因随意布置而出现的形式单一、缺乏层次、缺少新意等问题，布置符合学生身心发展，且能促进学生智慧开启、综合能力提升的作业。

一、作业内容多种，增加体验维度

教师要以生活化、操作化、综合化的家庭作业，增加学生的体验，促进学生对数学知识的巩固内化，提升他们的应用意识，促进数学活动经验的累积、数学方法的掌握。

（一）融入生活理念，积累活动经验

小学数学作业设计要由知识巩固向知识应用转变，由静态向动态发展，让抽象的数学知识走向"接地气"的生活。教师要将数学知识的触角向生活的角落延伸，建构数学知识与生活之间的联系，使枯燥的数学知识变得生动有趣，也让学生在知识运用中获得深度的理解。

某通信公司有三种通讯套餐业务：（套餐一）无月租费，全国拨打每分钟0.20元；（套餐二）月租费18元，全国拨打每分钟0.10元；（套餐三）月租费38元，送300分钟，全国拨打每分钟0.10元。如果李阿姨平均每月拨打100分钟，她选择哪些套餐较为划算？每月话费是多少？如果她平均每月

拨打电话为400分钟，她选择哪种套餐较为划算？每月的话费是多少？

生活化的作业能让学生成为知识的应用者，让他们学会立足于生活的角度去思考问题，提升数学应用意识。

（二）参与动手操作，形成深度理解

教师要设计活动类的作业，让学生借助生活化的场景去探究思考，在动眼观察、动手操作中获得感官体验，从而探寻数学的本质。例如，在学习苏教版五年级上册《不规则图形的面积》一课内容后，教者设计作业如下。

找一片树叶，先估一估这片树叶大约是多少平方厘米？沿着这片树叶的轮廓画在方格纸上，估计出图形的面积，再与预先的估计进行对照，看看自己的估计是否准确。

（三）实现资源融合，设计综合作业

教师要摆脱单科界限，实现数学与语文、美术等多学科的融合，依据教学内容设计创新性的家庭作业，拓展学生的认知视野，让学生有更多体验与探索的机会。例如，在学习苏教版四年级下册《认识轴对称》一课内容后，教者设计作业如下。

让学生欣赏"上海自来水来自海上"这句回文句，从前往后读、从后往前读都一样，这是不是一种轴对称现象？哪个字是对称轴？还有一种"回文数"，如"12321"，这里哪个数字是对称轴？要求找出回文句、回文诗、回文数。

二、作业形式多变，引发作业热情

单一枯燥的形式难以满足学生的学习需求，因此教师在设计作业时要求"变"求"新"，以多变的作业吊足学生的"胃口"，调动他们的学习热情，促进他们对所学内容的深度思考。

（一）作业主体多元，促进深度体验

教师可以布置传统的独立性作业，让学生有独立思考的空间，帮助他们排查难点、解决疑惑。但是独立性作业过于强调独立思考，忽略了学生合作

意识的培养。合作性作业能促进师生、生生之间的互动，促进数学学科与其他学科的融合，促进学生语言表达、人际交往能力的提升。

例如，在学习《分米和毫米》内容后，让学生互测身高，边做边记录；在学习《认识轴对称》内容后，让学生合作剪窗花。

合作性家庭作业的布置，能让学生在协作中互动、交流，从而体验角色所肩负的责任，促进他们对所学内容进行巩固。

（二）作业形式多样，满足学习需求

传统的书面作业能促进学生对知识的巩固与内化，教师也能从其中获得反馈，从而对自己的教学过程加以调控，但很多教师布置作业时往往存在"量多""机械""共性"等问题，容易让学生产生厌烦心理。教师要设计实践类作业，实现"学""做""思"的融合，让学生学会运用数学的眼光去观察生活，用数学的思维去思考生活，从而感受到数学知识是生活不可或缺的内容，要学会观察、思考，运用数学知识去解决生活中的问题。例如，在学习苏教版三年级下册《长方形和正方形的面积》内容后，教者设计实践性作业如下。

收集卷尺、皮尺、塑料绳等测量长度的工具，测量客厅、厨房的面积，如果用边长为80厘米的正方形地砖铺贴，大概需要用多少块？

（三）设计探究作业，发展创新思维

数学家庭作业要摆脱"模仿"的层次，要建立理论与实践的联系，引导学生从多角度思考、多层面分析，促进学生思维的发散，从而拓展学生的思维空间，发展学生的创新意识。教师要布置探究性强的家庭作业，让学生从探究中寻找规律，理解本质内容。

三、作业类别多样，满足差异需求

部分教师在布置家庭作业时往往将学生视为统一型号、统一规格的流水线上的零件，没有考虑学生的学习起点、认知能力的差异，对他们设计同样难度、同样要求、同样题目的家庭作业，抑制了学生完成作业的热情。

（一）尊重学生差异，设计分层作业

学生的成长"花期"是有先后的，发展是动态变化的，同样的作业内容不可能适应所有学生，教师如果采用工厂流水线式的统一要求，会使基础扎实的学生认为过于容易，无须思考便可轻松作答；使学力不足的学生感受到困难重重，从而产生逃避的心理。因此，教师要设计"摘下满天星"分层作业，包括摘星小能手（基础题）、摘星小达人（综合题）、摘星小超人（拓展题），依据学生能力引导他们选择力所能及的作业。例如，在学习苏教版六年级上册《长方体和正方体的体积》一课内容时，教者设计分层作业如下。

（1）一个铁皮油箱，从里面测量长为 16 分米，宽为 5 分米，高为 3 分米，求它的容积。

（2）一个长方体框架长 8 厘米、宽 5 厘米、高 3 厘米，做这个框架一共需多少平方厘米的材料？在表面贴上塑料板，共要多少塑料板？在里面能盛多少升的水？

（3）一个正方体，棱长总和是 36 厘米，它的体积是多少立方厘米？

教师要因材施教，针对不同学力的学生设计问题，为"学困生"设计基础题，为"学优生"设计拓展题，要让学生的学习潜能得到充分激发。

（二）设计自选作业，激发学习意愿

学生的认知基础、学习能力等方面存在差异，教师要尊重这种差异，依据生情科学设计家庭作业，避免优秀生"不够吃"，以及学困生"消化不良"的现象。可以让学生自选题目，让他们能"量体裁衣"，选择合适的问题，促进他们思维的开启，引领他们向潜在发展区跨越。

学生既能选择能力范围内的题目，也可以选择"跳一跳"等能"够得着"的题目，这能调动他们的探索兴趣，让他们更主动、更积极地完成作业，促进作业效果的提升。

（三）解答作业疑惑，诊断达成情况

学校要控制作业总量与作业用时，针对不同年龄的学生提出具体明确的要求。要建立"作业不出校门"制度，要求教师在学校完成作业的批改，并分析学生出错原因，及时诊断学情，从而促进目标的达成；要设立"作业加油站"，为"拖后腿"的学生清零；要设立"作业答疑站"，通过教师与"小教师"的个别辅导，解决疑难作业。

四、作业评价多元，收获成功体验

不同学生都有其独特的智能表现，教师不能仅关注学生单一方面的发展，要捕捉学生的亮点、发掘学生的长处，要肯定他们、欣赏他们，从而增强他们的学习自信、提升他们的学习意愿。

（一）评价符号多元，引发参与兴趣

教师在批改家庭作业时，常用"非黑即白"的"√""×"表示肯定与否定，符号单一、形式呆板，易产生负面的效果，会降低学生完成作业的兴趣。教师可以在抄错题目、得数错误、作图错误、单位名称的相应位置，用"○"表示部分错误；在叙述不完整、答案不准确之处用"？"标明，表示存在遗漏的内容；同时用"☆"表示有创意之处，并写上富有指导性的评语。

（二）评价主体多元，发挥创造能力

教师要改变"一锤定音"式的评价方式，将学生、家庭等主体融入评价之中，通过师评、自评、互评及家长评价等多元主体，引发学生的主动思考，让他们能审视自身的学习行为，能全方面地认识自我、发展自我。

教师要为学生留有自评的空间，让他们通过"二次学习"对自身的学习行为产生全面地认识，进行深入的剖析，从而主动解决学习中的疑难。教师要鼓励学生互评互学，让他们能借助评价量表客观地评价他人，能学习他人、借鉴他人，并能诚恳地指出其中存在的不足。家长不能因学校延时而对孩子的作业不闻不问，要发挥监督者的作用，及时检查孩子的作业完成情况，并对家庭作业的内容、形式、难度提出自己的想法。

（三）评价方式多元，写上激励评语

教师要采用多样的评价方式，对于口算题、简单的计算题，教师可以采用自批自改的方式，在公布答案后让学生自我批改，及时订正错误，如存在疑惑，经教师的个别辅导，促进学生查漏补缺。

教师在评价时要采用激励性的语言，可以用"你很有创新能力，请继续努力"的评语；在学生取得进步时，可以用"看到你的进步，为你感到开心"的评语；在学生的作业整洁时，可以用"你的作业真整洁，希望继续发扬"的评语。激励性的评价能促进师生情感的沟通、调动学生的积极情绪，让学生的家庭作业变得更精彩。

总之，在"双减"背景下，数学家庭作业的布置要"减时""减量"而"不减质""不减效"，要依据小学生的认知特点与个性差异，丰富家庭作业的形式，调动学生完成家庭作业的兴趣，从而促进学生思维的开启、素养的提升。

【参考文献】

[1] 王晓英.优化家庭作业：减"量"提"质"[J].中小学管理，2012（12）：32-34.

[2] 胡雅静.浅谈小学数学课外家庭作业的优化策略[J].教学与管理，2012（2）：78-79.

[3] 严丽.小学数学家庭作业多元化设计分析[J].新课程，2020（11）：8-9.

（胥铁花，研究组成员之一，发表于《学苑教育》，此处稍做修改）

"学为中心"视角下小学数学作业评价新思路

【摘要】随着"双减"政策的不断深入，创新作业设计成为当下的热门话题，作业评价作为创新作业的重要环节备受关注。目前的作业评价主要存在以下问题：一是评价目标的单一化，重视学生知识技能的掌握，忽视过程、方法、习惯、能力、品质等方面的评价；二是评价方式的单一化，大都由教师单独完成，等级也只是单一的"优、良、中、差"，无法有效激发学生学习的主动性；三是评价主体的单一化，基本延续教师批改、学生订正作业的方式，学生还未真正参与作业评价。这样的评价方式使学生的主体地位缺失，还会一定程度上导致作业就是做题的错误认知。本研究以学为中心探索小学数学作业评价的新思路，旨在让学生在作业中能够不断进步、全面发展。

【关键词】作业评价；目标多维；方式多样；主体多元

数学作业作为数学学习过程中不可或缺的主要环节，不仅可以促使学生加深对知识的理解巩固，还是师生交流的重要途径。作业是教师改进教学和了解学生知识掌握的重要方式，作业评价便是学生学习的行动指南。评价的主要目的是全面了解学生的数学学习历程，激励学生的学习和改进教师的教学。对数学学习的评价要关注学生学习的结果，更要关注他们学习的过程；要关注学生数学学习的水平，更要关注他们在数学活动中所表现出来的情感与态度，帮助学生认识自我、建立信心。因此，在实施基础教育课程中，小学数学教师应切实做好学生数学作业的评价工作。

一、目标多维，关注差异

教师是学生学习活动评价的主体之一。德国教育家第斯多惠说过："教学的艺术不在于传授的本领，而在于激励、唤醒、鼓舞。"教师在评价作业时要以关注学生差异为前提，不仅要有效地反馈作业情况，还要给出可以实施的行动导向，充分发挥评价的作用，促进学生对作业的理解。

（一）分层评价，鼓励为主

学生之间因为认知水平、思维能力、学习习惯的不同，个体学习效果也会有所不同。如果还是用同样的标准去要求，对学生而言是不公平的，因此无论是创新作业设计还是作业评价都应该采用分层策略，鼓励学生在相对应的层次获得发展、体验成功，从而激发学生对于数学的求知欲和自信心。

（二）亮点评价，激励当先

教师要善于发现和引导，如果沿用"区分性评价"，学生在看到对错时很有可能已经麻木了，这时教师应该尽可能地去发现学生作业中的闪光点，如果学生解题有条理，思路清晰，或者字迹工整，令人赏心悦目，则要在评价时提出表扬，激发学生的学习兴趣。

二、方式多样，关注成长

教师应该采用"等第＋评语"的评价方式，通过指向明确的激励性评语弥补等第的单一化，充分发挥作业评价的激励、引导、交流作用。

（一）鼓励性评语

鼓励性评语不仅可以肯定学生的亮点，还可以让学生感受到教师对自己的关注，从而激发学生的表现欲。在鼓励学生时要关注到学生的差异性，如对解题思路正确但总是计算错的学生可以这样评价："你掌握得真不错，如果计算能更严谨一些会更棒哦！""教师能看到你已经掌握了方法，但是为什么没有得到正确的结果呢？计算还要更仔细哦！"等等。对于学习困难的学生，更应该注重激励性评价，及时进行引导。评语可以用"近期计算准确率越来越高了，继续加油哦！""你做图非常规范，继续保持！"等等。教师的鼓励可以激发学生的学习兴趣，让学生获得认同感，从而进一步成长。

（二）提示性评语

在作业时，学生往往注意不到一些隐晦条件和混淆条件，这时如果教师只是简单地判断对错，学生就失去了一个自我发现的机会，应该对其错误或思考给予一些提示，让学生自我生长。可以用"这里是和谁在比较呢？""单位'1'是谁呢？""小明要算进去吗？"等评语。有时学生的错误不是因为知识点未掌握，而是在审题时没有圈画出关键词，找到突破口。教师这时要及时做到"导"的角色。例如，在六年级学习圆柱与圆锥时，学生就经常会因为审题时没有注意到圆锥而出现问题，教师评价时的一个提示，就可以着重强调出问题的关键，强化学生对于此类错误的关注点。

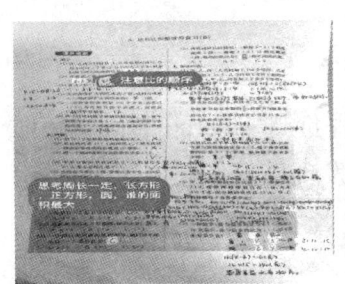 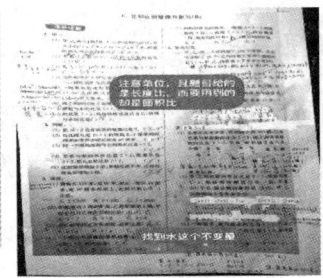 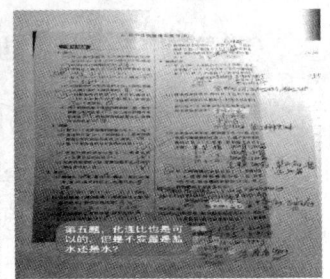

图 4-11

（三）期待性评语

对于每个学生经常出错的点在哪里，教师在作业评价时要及时指出，如对在混合运算中经常把运算顺序搞混的学生，教师可以用"这里的运算顺序是什么呢？要掌握正确的运算顺序哦！"这种指向明确的评价，从评语中不断发现问题，获得发展。

（四）商榷性评语

以发展的眼光看待学生，尊重学生的学习成果，科学合理地进行评价才能让学生在能力范围内获得更好的发展。教师在评价时既要肯定学生的进步，又要及时指出学生的不足或者努力的方向，如用"你的准确率很高，但是书写认真会更完美，你觉得呢？""这里的分数解法真不错，你还能想出其他解法吗？""你的方法很棒，但是过程可以更完整，对吗？"这样的商榷性评价，即在肯定学生的基础上提出要求，明确学生努力的方向，发挥评价的导向作用。

三、主体多元，全面参与

创新作业设计的目的是让学生积极主动地参与学习，让作业成为学生自我发展的有效途径。作业评价作为作业的主要过程，要充分考虑不同层面的学生需要，将"因材施教""因人设计"与"因人施评"有机地结合。评价主体的多元化就是要让学生、教师甚至家长参与其中，多方位、多角度、多层次地发现和解决问题，推进整体性进步。

（一）学生自评，内省提升

一般情况下，学生自主完成作业后，由教师对其作业进行评价，学生再根据教师评价做出进一步改进。但学生在评价过程中缺少参与，因此应该改变固化的评价模式，让学生对作业进行自我评价，让学生审视作业过程，发现问题，自我提升。

初始阶段，学生对于自评作业可能会摸不着头脑。在指导学生自我评价时，除了规定批改符号，教师还要根据作业要求，给出明确的作业评价标准。在讲解评价标准时，教师要适时地强调评价的重点和需要关注的细节，培养学生自评的能力，学生有了自评能力，掌握了自评方法，在接下来的学习过程中就可以按照一定的标准严格要求自己，从而提升自我的学习能力。

（二）学生互评，共同提高

同伴效应指同伴的行为或同伴的产出对学生的行为或产出的影响。在班级群体中，学生可以通过同伴影响共同提高。作业的互评就是一个很好的机会，学生完成作业后可以同桌交换，或者小组内交换，相互评价。通过帮别人纠错的角色体验可以让学生积极主动地参与研究学习，强化解题规范、知识理解、习惯养成，同时在同伴交流时培养沟通力、合作力和思维力。

例如，学生根据作业要求记录了用人民币购买商品的经历。记录中提到"购买了 46 元的小积木，付 4 张 10 元和 1 张 6 元，我还可以付一张 40 元和 6 张 1 元。"A 同学做出了如下评价："这篇数学日记中付币的过程不符合实际，我觉得他的问题主要在于他对人民币的面值不够清楚，在付币时我们要考虑实际情况，有些面值是没有的。"为了说服同学，他还绘制了图 4-12。

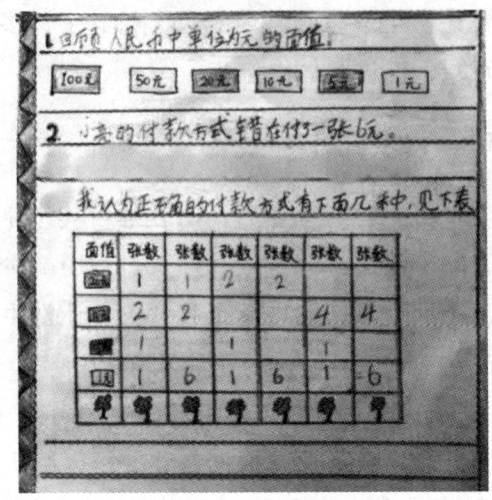

图 4-12

"通过这一个实际例子，我对人民币的面值有了新的认识，数学在生活中的用处可真大！每次用我学到的数学知识解决问题我都觉得很自豪，我发现更加喜欢数学了！"A 同学通过观察分析同伴作业，在这些正面或是反面例子中，能够总结了知识，像小教师一样对同伴作业进行评价，不知不觉地完成了自我提升。

作业评价的方式方法有很多，教师应根据学生的具体情况制定合理的评价模式，让评价发挥促进学生学习的作用，在评价时注重目标多维，方式多样和主体多元，让学生从作业评价中认识自我、明确目标，从而获得发展。

【参考文献】

[1] 张奠宙，宋乃庆 . 60 年数学教育的重大论争 [J]. 人民教育，2009（18）：52-55.

[2] 陆学贵 . 小学数学作业评价策略初探 [J]. 小学教学参考，2008（27）：167-168.

（戴叶，江苏省教育学会优秀论文评选三等奖论文）

"大数据"背景下小学生作业评价管理的实践初探

【摘要】 近年来,各校有效落实"双减"政策精神,课程目标以学生发展为本,以核心素养为导向。本研究基于大数据四个方面的主要典型特征,即大量、多样、高速和价值,通过数据分析技术为每个学生进行"真实"画像,形成可视化的学生作业评价管理有效途径,实现从知识关联到学习关联,从学习关联到评价关联的持续追踪和价值挖掘,助力实现真正的因材施教。

【关键词】 大数据;小学生作业评价

《义务教育课程方案和课程标准(2022年版)》指出,评价应做到关注学生的全面发展,不仅仅关注学生学习过程中对知识和技能的获得程度,更需关注学生学习的过程、学习方法的掌握,以及相应的情感态度和价值观等方面的发展。要做到充分发挥评价的育人导向作用,坚持以评促学、以评促教。"双减"背景下,作业设计、实施和评价管理,不仅是提升教育质量的重要维度和衡量课程改革成效的关键尺度,更是影响学生核心发展的因素。

教育大数据是发展智慧教育的重要基础,它使教育过程从"非量化"到"可量化",从"不可见"到"可视化",从"大众化"到"个性化",从"经验化"到"科学化",教与学的行为信息精确、频繁地被记录下来。教师对学生作业评价管理以多元丰富的数据为支撑,应做到精准发现问题、及时有效评价、促成深度学习。大数据为助力现代教育模式而转变,为提升学生核心素养而发展,为考核学生学业质量而变革。应提高教师作业评价管理效率,激发学生作业完成兴趣,提升"双减"内涵,落实作业育人目标。

一、大数据实现作业评价管理多样性

(一)作业评价:设计多样性

长期以来,教育者对作业功能的认识主要有"作业即游戏活动""作业即教学巩固""作业即学习活动""作业即评价任务"等。笔者所在学校本着课程标准落实的目的、学生发展的目标建立了以单元为主体的作业设计周期，构建了以长周期作业和课时作业结合的作业布局，构造了"作业完成目标 — 作业完成内容 — 作业完成实施 — 作业完成结果"的大数据作业完成流程。旨在对每天、每周、每月学生作业完成的进度进行分析、诊断与反馈，找寻学生学业中的漏掉与缺项，为下阶段个性化的作业布置提供重要参考依据。

（二）作业评价：批改多样性

作业批改是作业管理的重要一环，学校强调教师对作业进行全批全改，强化作业分析与统计。要注重作业批改的有效性，提倡在错误旁批注，指出存在的问题或解决问题的思路。例如，学生通过系统完成并提交的客观题，系统会自动批改，如果发现错误，系统会自动跳出该题的详细解析，随后立刻推送相关知识点，同时将错误的题目自动保存到学生的"错题本"中。主观题提交后由教师进行批改，教师批改后会给错误的题目做上标注，系统同样会如客观题一样给学生推送解析和训练题，也会保存到"错题本"。学生平时还可以利用"错题本"的攻关功能进行错题攻关训练，把原来的弱项最终练成强项。所有学生的错题都会汇总到教师的"错题库"中，按错误率高低排序，以便教师在接下来的教学过程中查漏补缺、优化教学。学生作答时教师可以通过班级界面查看全班同学的完成进度，对于特殊的学生教师会及时提醒。

（三）作业评价：统计多样性

精确做好小学生的作业统计是作业评价管理的重要一环。应充分发挥大数据的优势，做到统计科学化，使信息保存持久。教学中，教师需要针对作业批改情况进行评价，统计全班同学对知识点学习的掌握情况，了解个别学生还存在哪些不足，从而及时调整教学。对教师的具体要求如下：统计作业的错误率，为课堂讲评做准备；统计分析学生的典型回答，做好质性记录；统计作业目标的达成度，为后续教学、作业改进或作业讲评提供数据支持；统计批后的学生自主改正情况，重视学生自我纠错过程。

二、大数据实现作业评价管理多维度

（一）作业评价：过程多维度

低年级小学生心理认知比较单纯，学习过程中希望得到教师的表扬和同学的认可，他们的成长需要过程。对于这类学生作业的评价更应关注过程，因为他们在学习中一次一次的努力若能够得到认可和鼓励性的指导意见，可能会更有效地促进身心健康发展，形成良好的学习习惯。基于大数据作业评价系统，教师应有效做好作业评价，更加关注作业评价过程中对小学生心理的满足和认可。

（二）作业评价：分层多维度

学生是一个个鲜活的生命个体，他们每个人的性格特征、气质表征、个体表现都有所不同。这就要求教师沉静学生心理，了解学生的想法，把握评价的目的，分层制定不同层次学生作业相应的评价标准。

在作业评价管理大数据平台系统的支持下，应该设定分层作业评价方式，具体如下：实践性作业注重考量学生社会实践能力、跨学科作业注重考量学生对学科知识之间的融合理解、项目化作业注重考量学生项目管理与现实世界的关联能力、开放性作业注重考量学生思维发展能力。分层次作业可以结合学生兴趣爱好和智能因素制定出作业框架：基础性作业（全体学生）＋选择性作业（学有余力学生）＋自主作业（特殊兴趣的学生）。

（三）作业评价：内容多维度

教学过程中的评价要体现维度多元，在关注"四基""四能"达成的同时，要特别关注核心素养的相应表现。不仅要关注学生知识技能的掌握，还要关注学生对基本思想的把握及基本活动经验的积累；不仅要关注学生分析问题、解决问题的能力，还要关注学生发现问题、提出问题的能力。教师可以优化作业设计，结合小学生的年龄特点和认知经验，推送一些具有趣味性的作业（游戏类、操作类、视频类、实验类），发展学生的核心素养。

三、大数据实现作业评价管理多元化

多元化评价理论认为，学习者的能力是多方面的，每个学习者都有各自优势。学生在意义建构过程活动中表现出来的能力不是单一维度的数值反映，而是多维度、综合能力的体现。将大数据引入作业评价管理，实现表格化、数据化、系统化呈现，从而根据问题"画像"报告数据制订切实可行的教学计划，让因材施教因大数据作用真正落到实处。

（一）作业评价：主体多元化

应充分发挥评价主体的作用，使评价结果更为客观，从而激发学生的学习积极性。可让学生通过平板电脑第一时间发现作业的错误之处，进行订正和自我评价，让家长通过手机 APP 了解自己孩子对所学知识点的掌握情况，对孩子作业进行及时评价。

（二）作业评价：方法多元化

学生作业多元化评价包含课堂评价、测试评价、课后评价、激励评价等多种评价方法。基于大数据作业评价管理，教师根据学生对作业的完成情况、正确率以及做题时间及时推送定制化"学情报告"，方便学生及时调整。

四、大数据实现作业评价管理多定制

作业评价管理大数据平台的建设目标是加强并优化作业评价管理，帮助学生建立数字画像，探索减负增效的新举措；有效控制与减轻学生的学业负担，提高学生的学习兴趣，激发学习主动性与积极性；构建教育的良好生态，有效缓解家长的焦虑情绪；促进学生健康发展、全面发展。教育实践中对学生的评价包含诊断性评价、形成性评价、阶段性评价、终结性评价，以及传统评价与大数据性相结合，形成方法多种的作业评价管理模式。可以针对不同学生的特点以及不同能力，采用学习效果评价与表现形式评价；基础性评价与综合性评价；激励性评价与发展性评价。

实践证明，大数据的应用让传统作业评价管理变得更精准、更高效、更科学，更及时，不仅让学校能全面管控作业的数量和质量，也让教师跳出了传统教学和批改的固有低效模式，使教学内容得到有效巩固、知识盲点得到

及时排除、学生问题得到精准指导。作业评价管理大数据平台进行作业的全过程管理，解决了传统作业评价管理中存在的诸多瓶颈问题，让学生个人和学校整体的教学质量都有了极大的提高，也让大规模因材施教真正成为可能。

【参考文献】

[1] 黄艳平．网络环境下小学数学课堂作业评价与管理的实践 [J]．教育信息技术，2016（Z1）：62-64．

[2] 王克军．小学数学课堂作业批改有效策略的研究 [J]．教学学习与研究，2014（22）：134．

[3] 钱长国．小学数学课堂作业评价的策略 [J]．中学课程辅导（江苏教师），2013（23）：56．

[4] 蒲达河．大数据时代下的教学方式与评价体制 [J]．教育现代化，2016（12）：78-79．

（许兵兵，研究组成员之一，发表于《中小学班主任》，此处稍做修改）

第五章　小学数学作业创新设计案例

第一节　开放型作业

案例一

【布置时机】六年级下学期"图形与几何"总复习时。

【作业内容】整理"图形与几何"领域的知识框架。

【作业目的】厘清知识脉络，整理知识框架，培养学生归纳总结的能力。

【作业例选】见图 5-1。

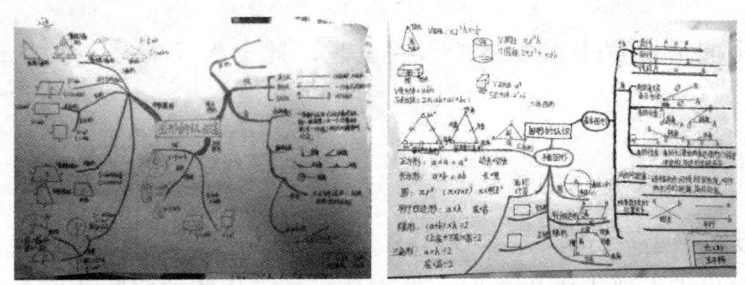

图 5-1

【教师阅后留言】这份作业通过画简单的知识梳理图，回顾"图形与几何"领域的知识脉络，利用草图进行了细致的描述与整理，展现了一定的画图素养。

案例二

【布置时机】六年级下学期"平面图形的面积"总复习时。

【作业内容】有关"平面图形的面积"的重点题型分析。

【作业目的】通过分析解答典型重点问题，攻克难点。

【作业例选】见图 5-2。

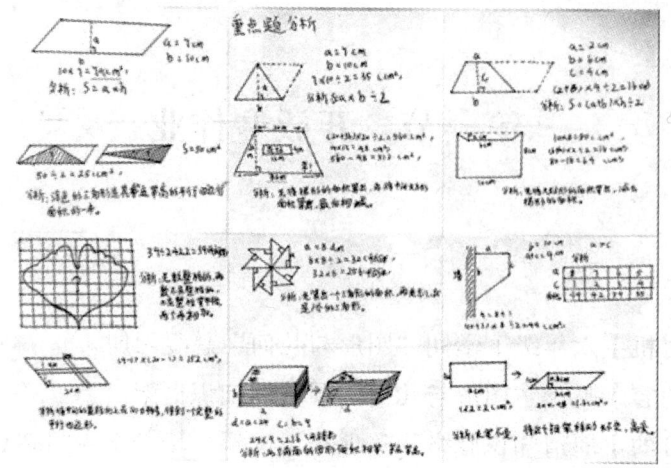

图 5-2

【**教师阅后留言**】以表格的形式呈现，既全面又有序，真是整理的好能手！

案例三

【**布置时机**】"比例尺"学习之后。

【**作业内容**】要求学生选取一件物品，量出物体的实际长度，然后选用合适的比例尺绘制测量的物品。

【**作业目的**】帮助学生进一步理解和巩固比例尺的概念，初步形成应用意识。

【**作业例选**】见图 5-3。

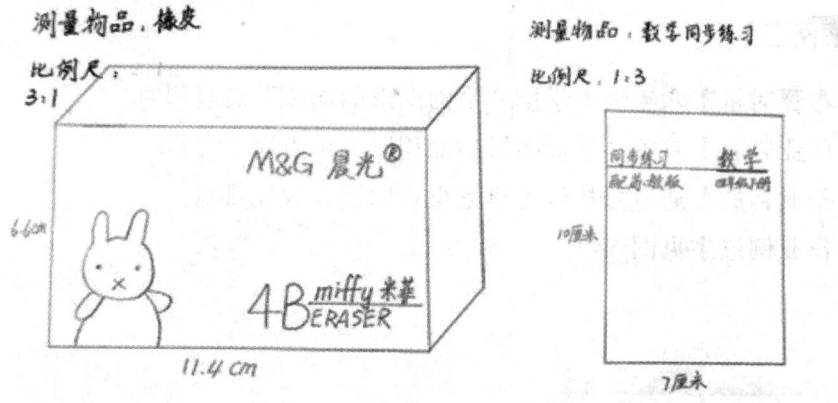

图 5-3

【教师阅后留言】一张又一张的作品展示了大家的学习热情，通过这项实践活动，你们对数学知识有了更深的了解，也感受到了数学在生活中的应用，激发了学习数学的积极性。

案例四

【布置时机】"百分数"学习之后。

【作业内容】百分数的"前世今生"你了解吗？百分数在生活中主要有哪些应用？把它写进你的数学日记中吧！

【作业目的】在数学日记的书写中与生活实际紧密联系，进一步理解百分数的意义。

【作业例选】学生数学日记如下。

某天，我们一家子一起去我舅舅家吃饭。那天爸爸实在是太激动了，一个不小心就喝多了，脸涨得通红，像一只熟过头了的大西瓜。回家时走路都摇摇晃晃的，好似一个刚刚学会走路的小娃娃。妈妈上前扶他，一边扶，一边还对他说："你看看你，又喝多了，三瓶红酒你就喝掉了两瓶。"爸爸摆摆手，不以为然地说："哪有那么多，我就喝了其中的60%。"

这时，我就有些好奇了，那爸爸大约喝了多少酒呢？大约摄入了多少酒精？到底有没有喝醉呢？

首先，我先整理了以下条件。

（1）总共喝了3瓶红酒。

（2）每瓶红酒750毫升。

（3）酒精含量13%。

（4）人体摄入50毫升酒精会醉。

计算如下。

（1）大家一共喝的酒总量是：$3 \times 750 = 2250$ 毫升。

（2）爸爸喝的酒量大约是：$2250 \times 60\% = 1350$ 毫升。

（3）根据爸爸喝的酒量和酒精含量来计算爸爸摄入了多少酒精，大约是：$1350 \times 0.13 = 175.5$ 毫升。

结论：爸爸摄入的酒精量175.5毫升 >50毫升，所以爸爸肯定醉了。友情提醒：喝酒有害健康！请大家尽量少喝酒，要喝也要控制在摄入小于等于

40 毫升酒精以内！

【教师阅后留言】数学知识常常藏在生活中，你讲述了一个有趣的故事，让我们更了解百分数了，非常棒！

案例五

【布置时机】"分数乘分数"学习之后。

【作业内容】请画图表示下面式子的 $\frac{1}{4} \times \frac{1}{3}$，并为这个式子编写三道应用题。

【作业目的】进一步理解分数的含义，掌握求一个数的几分之几的问题结构。

【作业例选】

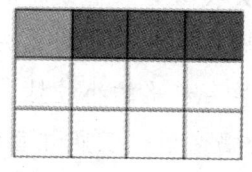

图 5-4

画图（见图 5-4）：$\frac{1}{3} \times \frac{1}{4}$

题目如下。

（1）一辆汽车行驶 1 千米耗油 $\frac{1}{12}$ 升。照这样计算，行驶 $\frac{4}{5}$ 千米耗油多少升？行驶 50 千米呢？

（2）一张长形铁皮，长 $\frac{4}{5}$ 米，宽是长的 $\frac{3}{4}$。求这张铁皮的面积。

（3）如图 5-5，求 8 米的（　　）分之（　　），可以列式为（　　）×（　　）。

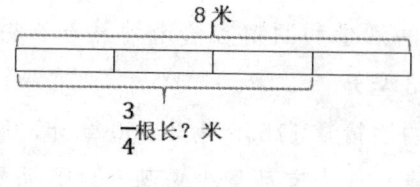

图 5-5

【**教师阅后留言**】多维思考，多样表征，理解从实际问题中抽象出数量关系，可以举一反三。

案例六

【**布置时机**】"角的初步认识"学习之后。

【**作业内容**】找一找、画一画生活中的"角"，并说出它们的特征。

【**作业目的**】通过自我探索和发现，让学生更好地理解角的概念，形成具体意识，对角的大小有初步的感受。

【**作业例选**】见图5-6。

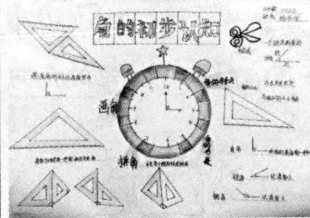

图 5-6

【**教师阅后留言**】你学会了从生活中找我们认识的角，看来数学真的与我们的生活密不可分！看了你的小报，我又学到了许多呢！介绍得真细致！

案例七

【**布置时机**】"分米和毫米"学习之后。

【**作业内容**】用新学的长度单位，写一写身边物体的长度。

【**作业目的**】培养学生选择恰当的长度单位描述生活中物体长度的能力，发展量感。

【**作业例选**】见图5-7。

图 5-7

【教师阅后留言】①通过课前预习、课中学习，你对长度单位的认识更加深刻了！②这真是一篇有趣的日记，简短的几句话能看出你早上的匆忙！各个长度运用得都十分到位！

案例八

【布置时机】"时、分、秒"学习之后。

【作业内容】描述对于"时间"的印象。可随意地写一写、画一画。

【作业目的】使学生综合性地表述自己对时间单位的了解，深化概念。

【作业例选】见图 5-8。

图 5-8

【教师阅后留言】①能抓住时钟的特点，看来对于时间的学习已经掌握了哦！②将自己每天的时间都记录了下来，很细致哦！③看了你的介绍，老师真是大开眼界呀！关于时间的小知识还有很多呢，可以继续探索哦！

案例九

【布置时机】学习"从前、后、左、右观察物体"后。

【作业内容】能画出家中某个物体从前、后、左、右四个方向观察出的样子。画完之后进行观察，说说自己的发现。

【作业目的】让学生主动地观察、比较和判断，感受数学学习的乐趣，体会数学与日常生活的密切联系。

【作业例选】见图5-9。

图 5-9

【教师阅后留言】①精美的作品，精美的城市，到位的总结，这幅手抄报真的太优秀了！②憨态可掬的大熊猫，前后左右每个角度观察都那么可爱，老师已经能想象出熊猫玩偶的样子了。③你的小屋中充满了观察物体的相关知识，忍不住想多看两遍，画得真好！

案例十

【布置时机】"有趣的七巧板"学习后。

【作业内容】七巧板是我国一种传统的智力玩具，用它可以拼出千变万化的图形，也称"七巧图"。请同学们把你们的作品画在手抄报上，看看谁拼出的图形最美观、样式最丰富。

【作业目的】通过创造性地拼图，感悟七巧板平面图形的特点，培养学生学习兴趣，发展学生空间想象能力。

【作业例选】见图5-10。

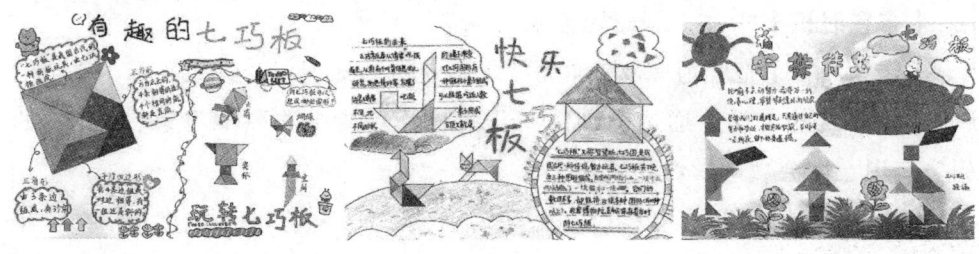

图 5-10

【教师阅后留言】①七巧板创造可能性，想象力没有天花板！画面精美，颜色丰富，你以后可以做一个优秀的画家！②七巧板创造了一个自己的王国，奇妙童趣，充满智慧！③你用七巧板拼出了一个经典的成语故事，可爱又有趣，农民、大树、兔子都栩栩如生！

案例十一

【布置时机】"看图解决实际问题"学习之后。

【作业内容】通过学过的知识，用大括号表示一个实际问题。

【作业目的】让学生以"创编数学小故事"的形式表示生活中的问题，进一步理解大括号的含义。

【作业例选】见图5-11。

图 5-11

【教师阅后留言】擅长画画的你，用图来创编小故事，真不错！

案例十二

【布置时机】"9加几"学习之后。

【作业内容】把学习完"9加几"之后获得的知识与奇妙想法画出来。

【作业目的】学生通过画图进一步感悟用"凑十法"学习"9加几"的相关知识，体会数学学习的乐趣。

【作业例选】见图5-12。

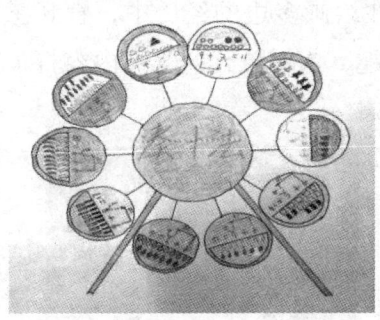

图 5-12

【教师阅后留言】用摩天轮的方式感受"凑十法"学习"9 加几"，你们太有想象力了，快把你的好方法分享给别的小朋友吧！

案例十三

【布置时机】"数的认识"学习之后。

【作业内容】选择自己喜欢的数，用"开花数"来画一画。

【作业目的】学生通过喜欢的方式，感受数的特征，发挥充分的想象力。

【作业例选】见图 5-13。

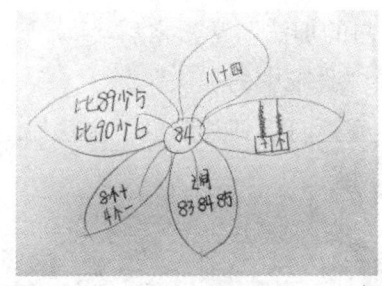

图 5-13

【教师阅后留言】你用"开花数"学习喜爱的数，真是个小机灵鬼！

案例十四

【布置时机】"四边形、五边形和六边形的初步认识"学习前。

【作业内容】四边形、五边形、六边形等多边形是我们即将认识的新图形。请同学们利用手中的画笔，根据预习收获，以"四边形、五边形和六边形"为主题制作一份手抄报。

【作业目的】学生在绘画多边的经历中，直观感知多边形的特点，进一步产生对数学学习的兴趣，为本单元的学习内容打下基础。

【作业例选】见图 5-14。

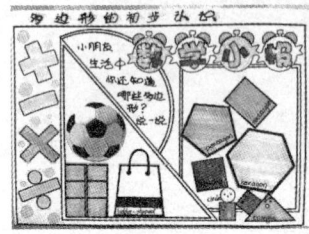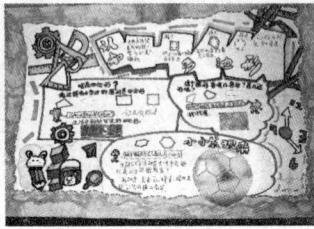

图 5-14

【教师阅后留言】①数学小报设计得十分精美，每种多边形不仅美观，还标上了英文名称，非常用心。②多么丰富多彩的手抄报，里面充满了本单元的知识，还有课外地拓展与发现，真是一个知识面丰富的小朋友！③你用缤纷的色彩和画笔画出了各种多边形，真棒！简单的四边形、五边形、六边形在你的笔下充满了生命力，喜欢你的画！

案例十五

【布置时机】"10 以内的加法"学习之后。

【作业内容】画一画"我眼中的加法"。

【作业目的】让学生表达自己新认识的"加法"，感受加法中的规律。

【作业例选】见图 5-15。

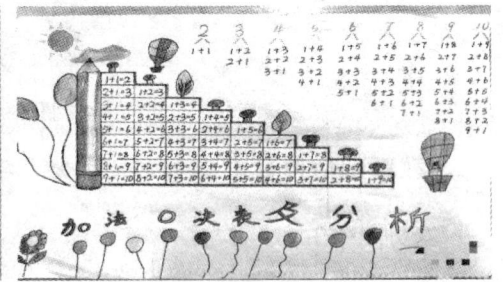

图 5-15

【教师阅后留言】你画的图真有逻辑，老师为你点赞！

案例十六

【布置时机】"分数乘法解决问题"学习之后。

【作业内容】以下题目为什么一词之差，解题却大大不同？可做图辅助分析。

①食堂有煤 $\frac{3}{4}$ 吨，用去 $\frac{2}{5}$ 吨，还剩多少吨？

②食堂有煤 $\frac{3}{4}$ 吨，用去一部分之后还剩 $\frac{2}{5}$，还剩多少吨？

③食堂有煤 $\frac{3}{4}$ 吨，用去 $\frac{2}{5}$，还剩多少吨？

【作业目的】题组对比，使学生通过画图理解分数乘法的意义，辨析易混点（见图5-16）。

【作业例选】

① $\frac{3}{4}$ 吨煤要减去 $\frac{2}{5}$ 吨，这里的 $\frac{2}{5}$ 吨指将1吨平均分为5份，取其中的两份，两者都有单位，是具体的数量，可以直接加减。所以列式为： $\frac{3}{4}-\frac{2}{5}=\frac{7}{20}$ （吨）。

②这里不可以直接加减，因为 $\frac{3}{4}$ 有单位，而 $\frac{2}{5}$ 没有单位。一堆煤的重量是单位"1"， $\frac{2}{5}$ 指将单位"1"平均分成5份，取其中的两份，求用去多少吨，实际上是求 $\frac{3}{4}$ 吨的 $\frac{2}{5}$ 是多少。所以列式为： $\frac{3}{4}\times\frac{2}{5}=\frac{3}{10}$ （吨）。

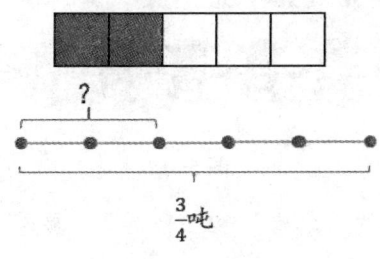

图 5-16

③这题同②，但是问得不一样。这里也不能直接加减，首先求出用去多

少吨，那就是求 $\dfrac{3}{4}$ 吨的 $\dfrac{2}{5}$ 是多少，再用总的吨数减去用去的吨数就得出还剩多少吨。

总结：如果 $\dfrac{x}{y}$ 有单位，则表示一个数；如果 $\dfrac{x}{y}$ 没有单位，则表示单位"1"与 $\dfrac{x}{y}$ 的关系。

【教师阅后留言】你能通过画图解答这一题组，题意一目了然，非常棒！

案例十七

【布置时机】"认识＝、＞和＜"学习之后。

【作业内容】写出学习完比大小后的感受

【作业目的】通过比大小体会数学——对应的思想，内化新知。

【作业例选】见图5-17。

"忍者""怪兽"谁更多？

平时我最喜欢拼乐高，拼的最多的是"忍者"和"怪兽"。今天上午，我又拼了几个。妈妈把我以前拼的都拿了出来，说："我们一起来看看，我们家的'忍者'和'怪兽'谁更多？"

我一下子兴奋起来，把所有的"忍者"和"怪兽"排成了一队。妈妈说："这好像有点乱。你能再整理一下吗？"于是，为了更好地数一数，我把他们分成了两队（见图5-17）。

图5-17

看着面前排列整齐的"忍者"和"怪兽"，显然"忍者"比"怪兽"多。

【教师阅后留言】原来玩具里也有数学，你的想象力真丰富！

案例十八

【布置时机】"20 以内的进位加法"学习之后。

【作业内容】把学习完"20 以内进位加法"后的感受画下来。

【作业目的】学生通过画图进一步加深对"20 以内进位加法"的印象，感受加法运算中的变与不变。

【作业例选】见图 5-18。

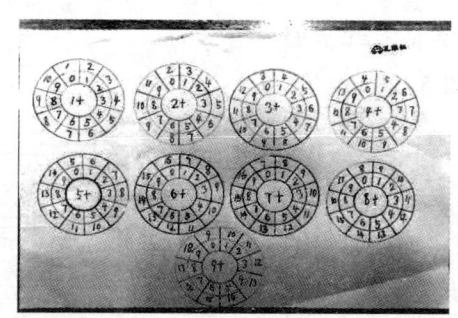

图 5-18

【教师阅后留言】你画的图形能够直观地看出加法中的规律，真不错！

案例十九

【布置时机】"移多补少"学习之后。

【作业内容】姐姐有 16 朵花，妹妹有 10 朵花。

（1）姐姐给妹妹几朵花，两人的花就同样多了？

（2）哥哥给妹妹 2 朵花后，两人的花同样多，问哥哥原来有多少朵花？

【作业目的】让学生化身小讲师，用其熟悉的语言讲授，这更有益于其他学生的理解，也能锻炼学生的语言表达能力。

【作业例选】见图 5-19。

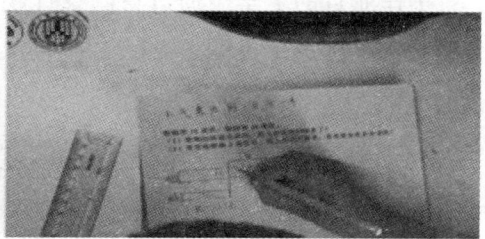

图 5-19

【教师阅后留言】这么有难度的题目你都能讲得如此清楚，可太棒啦！

案例二十

【布置时机】"笔算进位"学习之后。

【作业内容】画一画，写一写，表示出 38×2 的计算过程中每一步的意思。

【作业目的】学生通过画图进一步感悟用笔算两位数乘一位数（进位）的相关知识，体会数学学习的乐趣。

【作业例选】见图 5-20。

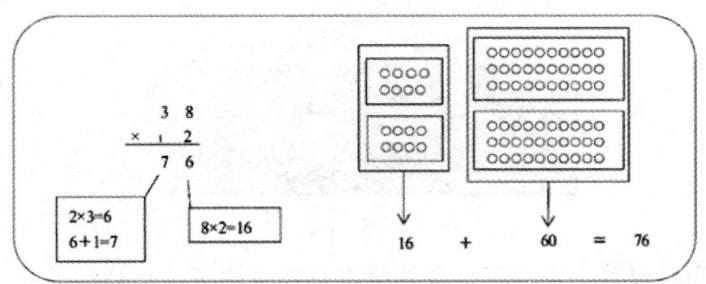

图 5-20

【教师阅后留言】你不仅会用竖式表示乘法的意义，还画图表示出了每一步的具体意义，真了不起！

案例二十一

【布置时机】"两、三位数乘一位数"学习之后。

【作业内容】请同学们化身数学家，在学习完本单元后，设计一道上学途中走了多少米，又返回拿东西的题目，然后算算这一天一共走了多少米。

【作业目的】学生通过自己设计题目，更加理解此类题目的做题方法。

【作业例选】见图 5-21。

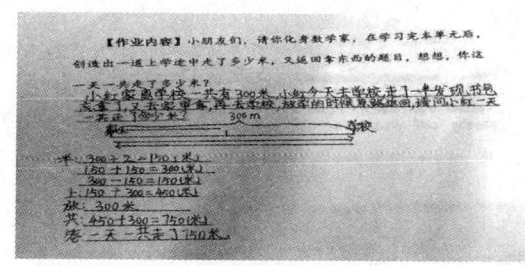

图 5-21

【教师阅后留言】从你的线段图中看出了你的思路，看样子这种类型的题目难不倒你啦！真不错！

案例二十二

【布置时机】"克与千克"学习之后。

【作业内容】通过画一画、写一写的方式回顾本单元的主要内容。

【作业目的】让学生化身小画家，用其直观的方法，整理总结出本单元的重点知识。

【作业例选】见图 5-22。

图 5-22

【教师阅后留言】从你的图看出了你对克与千克的了解，你的小故事也很有趣，期待下学期认识第三个好朋友呦！

案例二十三

【布置时机】"千克与克"学习之后。

【作业内容】用长度单位和质量单位描述一下我们的生活。

【作业目的】运用两种单位描述生活，使学生深化对单位的认识。

【作业例选】见图 5-23。

克和千克

我们在数学课上学习了"克和千克",它们是质量单位。

在生活中，我处处能碰到它。每次妈妈在超市里买东西回来，我就会用手拎一拎，大概估一估它的重量，看看与实际的重量差多少，然后记在我的本子上。

今天，我还遇到了一件有趣的事。爸爸吃饭时告诉我，他瘦了，体重成了65斤。我就想，是65斤还是65千克，如果是65千克，那比我重了几倍。然后我就问爸爸："爸爸你的体重是65千克吧。"爸爸说"对呀，是65斤，等于斤。"我惊讶：如果把它当成了65斤，那该多重呀！

看吧，"克和千克"对我们来说是不是很重要？所以，我们一定要用好它，否则会闹笑话的。

图 5-23

【教师阅后留言】真有意思！看样子质量单位无处不在，我们真要用好它们呢！

案例二十四

【布置时机】"分数的初步认识"学习之后。

【作业内容】画一画，写一写，如何比较分数的大小。

【作业目的】画图来证明分数的大小，使学生进一步了解分数。

【作业例选】见图 5-24。

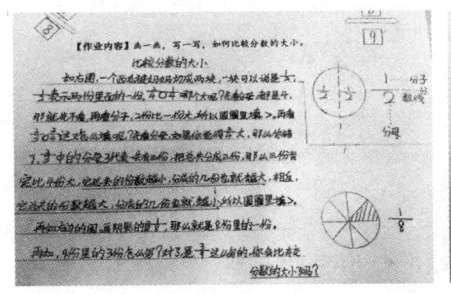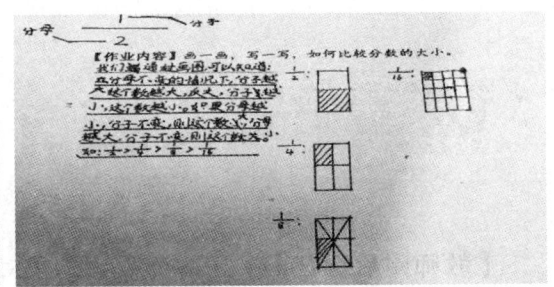

图 5-24

【教师阅后留言】作图很仔细，通过这些图片，我真的看明白了分数比较大小的方法了！

案例二十五

【布置时机】学习"多位数乘一位数（因数中间有 0）"之后。

【作业内容】解释 306×4 的过程。

【作业目的】通过作图或者梳理进一步理解算理。

【作业例选】见图 5-25。

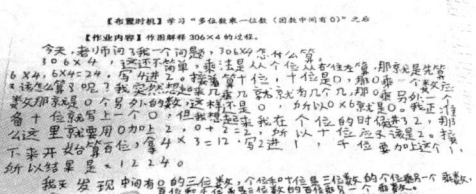

图 5-25

【教师阅后留言】从你们的解释中，我真正明白了中间有 0 的三位数乘一位数的计算方法。

案例二十六

【布置时机】"笔算两位数除以一位数（首位不能整除）"学习之后。

【作业内容】计算 $52 \div 2$，表示出计算过程。

【作业目的】通过竖式、横式、图来巩固算理和算法。

【作业例选】见图 5-26。

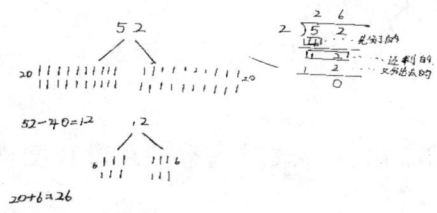

图 5-26

【教师阅后留言】你用画图的方法，解释了两位数除以一位数的方法，真是简单易懂，老师一下子就看明白了呢！

案例二十七

【布置时机】"乘法分配律"学习之后。

【作业内容】学习了乘法分配律后，给 $(8+6) \times 5 = 8 \times 5 + 6 \times 5$ 配一幅图，并讲解理由。

【作业目的】通过画图来理解乘法分配律，实现数与形的相互联系，锻炼学生的抽象思维。

【作业例选】见图 5-27。

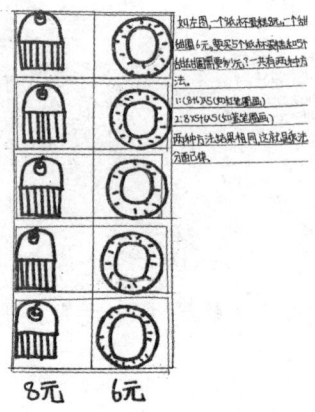

图 5-27

【教师阅后留言】乘法分配律是最容易搞混的，你能分析得如此详细准确，真是太棒了！

案例二十八

【布置时机】"千米的认识"学习之后。

【作业内容】你家到学校约多远？你常选择步行还是其他方法上学？去别的地方呢？

【作业目的】结合出行方式对熟悉的路段长度进行估计，进一步积累"千米"表象。

【作业例选】见图 5-28。

答：我家到学校约4公里。我常选择坐公交车或坐汽车上学。去一些很远的地方会选择火车或地铁。去较远的地方会选择开车。较近的地方会选择骑行或步行。

图 5-28

【教师阅后留言】你的作业表达很清楚，我一眼就看明白了你的想法，不错。

案例二十九

【布置时机】"认识面积"学习之前。

【作业内容】面积是什么？它和周长一样吗？请画一画、写一写。

【作业目的】了解学生对"面积"的理解状况。

【作业例选】见图 5-29。

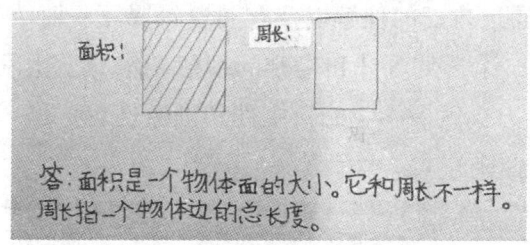

图 5-29

【教师阅后留言】看了你画的图，老师也能明白面积与周长的区别了，很棒！

案例三十

【布置时机】"小数的初步认识"学习之前。

【作业内容】下面这个长方形（图 5-30）表示 1，请在图上画出 0.1。

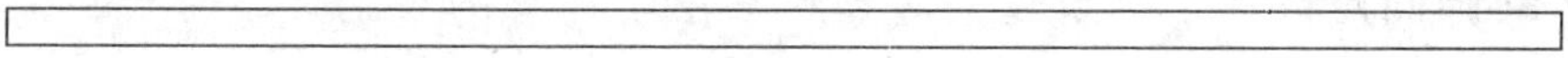

图 5-30

自己再画一些其他的图形，表示 1 和 0.1。

【作业目的】探测学生对分数和小数的链接点的了解程度

【作业例选】见图 5-31。

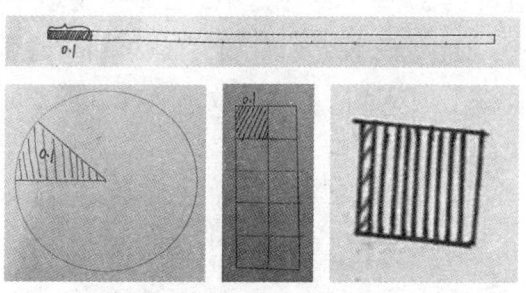

图 5-31

【教师阅后留言】你的想法非常奇特，很有意思。

案例三十一

【布置时机】"升和毫升"学习之后。

【作业内容】通过自己的理解以及查阅资料撰写一篇数学小论文。

【作业目的】加深学生对升和毫升的理解，培养学生发现问题、分析问题和解决问题的能力，发展学生的自主性和创造性。

【作业例选】见图5-32。

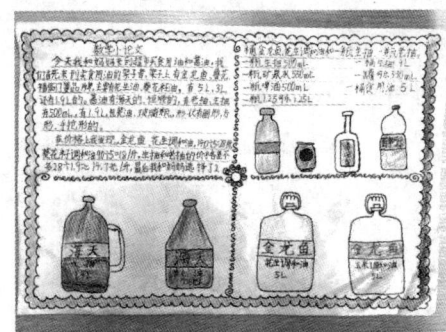

图 5-32

【教师阅后留言】你通过查阅资料写出了优秀的小论文，对升和毫升有了更多的理解和认识。学习知识离不开主动钻研，加油哦！

案例三十二

【布置时机】"除数是两位数的除法"练习之后。

【作业内容】在☆ ÷ 37 = 14……△中，△最大是（　），这时☆是（　）；在 □÷○=18……21，□最小是（　）。自己再编几道类似的问题并解答。

【作业目的】加深学生对除法中被除数、除数和商之间关系的理解。

【作业例选】见图5-33。

1、在□÷25=17……△中，△最大是(24)，这时□是(449)。
25-1=24　25×17+24=449
2、在□÷○=22……15中，○最小是(16)，这时□是(367)。
15+1=16　16×22+15=367
3、在☆÷42=31……△中，△最大是(41)，这时☆是(1343)。
42-1=41　42×31+41=1343
4、在□÷○=19……23中，○最小是(24)，这时□是(479)。
23+1=24　24×19+23=479
5、在□÷18=22……△中，△最大是(17)，这时□是(413)。
18-1=17　18×22+17=413
6、在☆÷○=15……19中，○最小是(20)，这时☆是(319)。
19+1=20　20×15+19=319

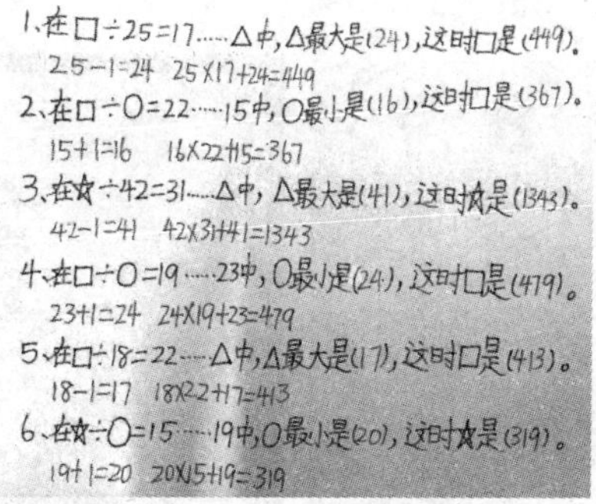

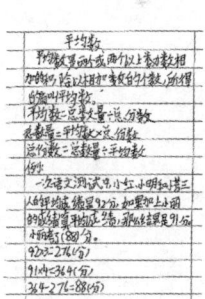

图 5-33

【教师阅后留言】能够举一反三、触类旁通，你真是太棒了！

案例三十三

【布置时机】“平均数”学习之后。

【作业内容】请撰写一份平均数的自我介绍。

【作业目的】通过撰写自我介绍，进一步理解和掌握平均数的概念。

【作业例选】见图 5-34。

我是平均数

我是数大家庭中的一份子，我的名字叫平均数，由三个家组成，只需要用数字总数的和除以数字的个数，就可以找到我啦。我的作用是反应某个现象的总体水平。比如小明这次期中考试语文和数学的平均分是98分，数学的英语的平均分是99分，语文和英语的平均分也是98分。我是这样得到的：小明的语文是97分，数学是99分，英语也是99分，由此可知(97+99)÷2=98(分)就是语文和数学、语文和英语的平均分，(99+99)÷2=99(分)就是数学和英语的平均分。你了解我了吗？

平均数

平均数是两个或两个以上数相加的和，除以相加数的个数，所得的商叫平均数。
平均数=总数量÷总份数
总数量=平均数×总份数
总份数=总数量÷平均数
例：
一次语文测试中，小红、小明和小芳三人的平均成绩是92分，如果加上小丽的成绩算平均成绩，那么结果是91分。小丽考了(88)分。
92×3=276(分)
91×4=364(分)
364-276=88(分)

图 5-34

【教师阅后留言】平均数的特点讲解得很棒，看起来数学味十足。

案例三十四

【布置时机】“整数四则混合运算”整单元学完之后。

【作业内容】请画一画整数四则混合运算的思维导图。

【作业目的】培养学生自主复习能力，使其在知识梳理过程中回顾旧知、温故知新。

【**作业例选**】见图 5-35。

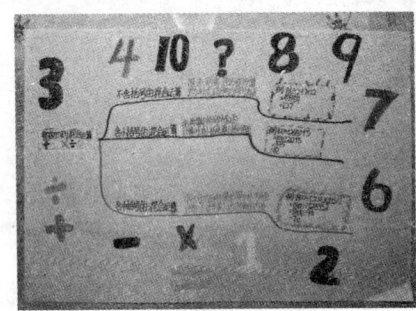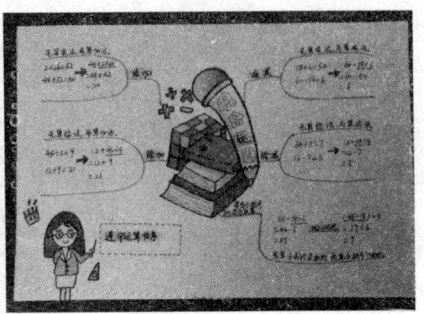

图 5-35

【**教师阅后留言**】能够自主梳理学过的知识，通俗易懂，非常棒！

第二节 实践型作业

案例一

【布置时机】"圆柱和圆锥的体积"学习之后。

【作业内容】在学习完圆柱和圆锥的知识后，同学们了解到在数学中，点动成线、线动成面、面动成体，并且知道直角三角形纸片绕其中的一条直角边旋转一周，得到的立体图形是圆锥；长方形纸片绕其中一条边旋转一周，得到的立体图形是圆柱体。请思考关于不同的面通过旋转可以转变成怎样的立体图形以及这些立体图形的体积大小的经典问题，从中收获知识。

【作业目的】分析解答"圆柱与圆锥"相关典例，掌握图形旋转所得圆柱或圆锥的体积求解方法。

【作业例选】

例题1：用彩纸做一面长方形的彩旗（如右图），旋转小棒，观察并想象彩旗旋转一周所成的形状，旋转后红色和黄色部分的体积分别是多少？

解答：红色部分体积：$3.14 \times 4^2 \times 3 \times \dfrac{1}{3} = 50.24$（立方厘米）

黄色部分体积：$3.14 \times 4^2 \times 3 \times \dfrac{2}{3} = 100.48$（立方厘米）

分析：将小棒旋转一周，彩旗的红色部分形成了一个底面半径是 4 厘米、高 3 厘米的圆锥，整个长方形所形成的是一个底边半径是 4 厘米、高是 3 厘米的圆柱，这个圆锥的体积是圆柱体积的 1/3，所以彩旗的黄色部分所形成的立体图形的体积是整个圆柱体积的 2/3。

例题2： 一个直角三角形三条边的长分别是6厘米、8厘米、10厘米（如右图），以斜边为轴旋转一周得到了一个立体图形，你知道这个立体图形的体积是多少立方分米吗？

解答：底面半径：6×8÷2×2÷10=4.8（厘米）

立体图形的体积：3.14×4.8^2×10×1/3=241.152（立方厘米）

分析：以直角三角形的斜边为轴旋转一周，得到的立体图形是两个底面积相等的圆锥的组合体（如右图）。先求出底面半径，也就是直角三角形斜边上的高，而两个圆锥的高的和正好是斜边的长（10厘米）。

例题3： 分别以直角梯形的上底和下底所在直线为轴，将直角梯形旋转一周，得到了两个立体图形甲、乙（如下图），这两个立体图形的体积比是多少？

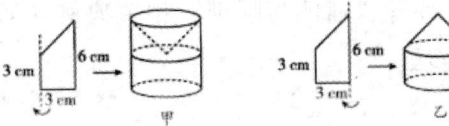

解答：把下面部分圆柱的体积看成3份，则甲上面部分的体积看作是3×（1-1/3）=2份，乙上面部分的体积是3×1/3=1份，即得两者之比是（3+2）：（3+1）=5：4

分析：从图中可以看出，甲是以梯形的上底为轴旋转得到的高为6厘米、底面半径为3厘米的圆柱内有一个底面半径是3厘米、高是3厘米的空心圆锥；而以梯形的下底为轴旋转得到的是上面是圆锥、下面是圆柱，甲、乙两个立体图形的体积不相等。

【教师阅后留言】同类问题聚焦，学生们通过平面图形的旋转轴与图形的边界线的运动情况来想象所形成的空间图形，能够理解"面动成体"，从而解决实际问题。

案例二

【布置时机】"数据的收集与整理"学习之后。

【作业内容】请同学们了解一下班级里每个同学喜爱的体育项目，并把结果记录下来。通过得到的数据，写出自己得到的信息。

【作业目的】通过统计班级里学生对不同体育项目的喜爱，感受统计方法的多样性，体会统计后数据分析的重要性。

【作业例选】

表5-1

攀岩	打篮球	踢足球	打羽毛球
正正	正正正	正正	正正

总结：从表5-1看出同学们大部分都很喜欢打篮球，以后课外活动可以组织大家一起打篮球哦！

【教师阅后留言】通过对班级同学喜爱的运动的统计，我对同学们的了解更多了哦！平时的活动课可以组织大家一起打篮球，肯定很有趣！

案例三

【布置时机】"位置与方向"学习之后。

【作业内容】请同学们在生活中辨认东、西、南、北、东南、东北、西南、西北这八个方向，再以校园的主要建筑为例，以学校国旗台为中心点，制作一份简单的八个方向的方向指认图，也可以写一写生活中辨别方向的事情。

【作业目的】结合生活实际，进一步掌握生活中和地图上的方向辨认方法。

【作业例选】见图5-36。

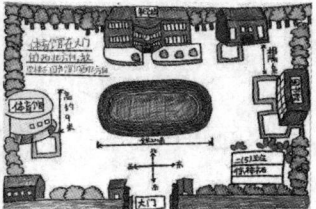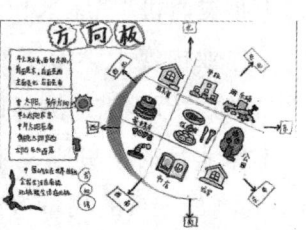

图5-36

【教师阅后留言】①真是位知识渊博的小朋友，关于方向我们还能学习很多新知！②将学校搬至图纸上，方向明确，已经将所学知识运用至生活中了！③通过生活中的自然现象认识到方向，再运用到生活中去，看来数学知识真的与生活息息相关呢！

案例四

【布置时机】"时、分、秒"学习之前。

【作业内容】仔细观察一下钟有哪些部分构成，然后做一个自己喜欢的钟。

【作业目的】学生通过自主观察与尝试，了解钟的组成部分，为后面辨别时针、分针和秒针做好铺垫。

【作业例选】见图5-37。

图 5-37

【教师阅后留言】①对时针、分针和秒针的观察很仔细，设计钟时加入了自己的想法，格外有趣！②对钟上的组成观察细致入微，制作精巧！③钟制作得可爱有趣，对每根针的观察很细致，可以再观察一下钟面哦！

案例五

【布置时机】"厘米和米"单元学习之后。

【作业内容】学习了厘米和米的知识后，记录一次用测量工具测量生活中物品的经历。描述测量的经过，测量工具可以不止一种。

【作业目的】巩固厘米和米的知识，在生活中感受厘米和米的存在，体验不同测量工具的测量方法。

【作业例选1】见图5-38。

神奇的尺子

数学课上我们学习了米和厘米，我知道了，1米=100厘米。我也明白了，测量长度并不是只有用尺子，你的身体也是一把无形的尺。我的身高是138厘米，步长是60厘米，臂长是[illegible]厘米，一庹是[illegible]厘米，一拃是11厘米……

晚上，妈妈突发奇想想考考我，让我不用任何工具测量餐厅和桌子的大小。我心想：嘿嘿，这不是小菜一碟嘛。我张开双臂趴在桌上，正好一庹，宽1庹，高7拃。原来桌子长[illegible]厘米，宽88厘米，高77厘米。[illegible]60厘米，宽3块地砖，长[illegible]，60×3=180厘米，60×4.5=[illegible]厘米，餐厅长[illegible]米，宽1.8米。

我又接着用步长、身高等"尺子"测量了其他物品，身体隐藏的这把尺子真神奇！

[illegible]

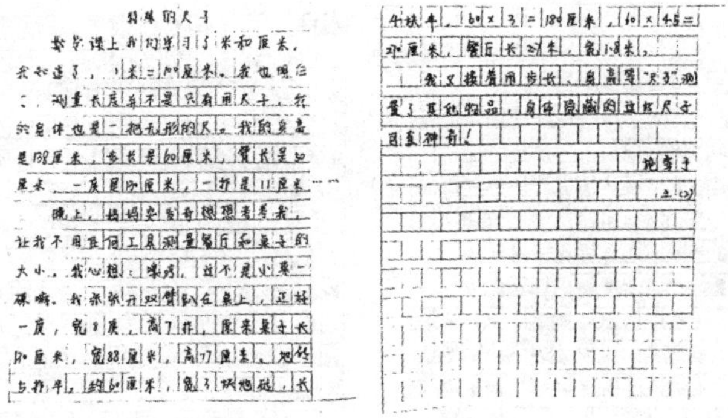

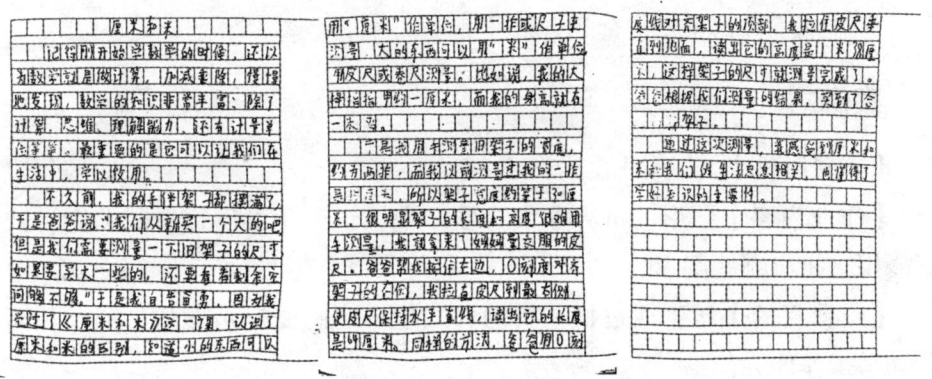

图 5-38

【**教师阅后留言**】身体尺是最方便的“尺子”，你的测量经历非常有趣！

【**作业例选 2**】见图 5-39。

厘米和米

记得刚开始学数学的时候，还以为数学就是做计算，加减乘除，慢慢地发现，数学的知识非常丰富：除了计算、思维、理解能力、还有计量单位等等。最重要的是它可以让我们在生活中，学以致用。

不久前，我的书架子都摆满了，于是爸爸说："我们从新买一个大的吧，但是我们需要测量一下旧架子的尺寸，如果要买大一些的，还要看看剩余空间够不够。"于是我自告奋勇，因为我学过了《厘米和米》这一课，认识了厘米和米的区别，知道小的东西可以用"厘米"做单位，用一拃或尺子来测量，大的东西可以用"米"做单位，用皮尺或卷尺测量。比如说，我的大拇指指甲约一厘米，而我的身高就有一米多。

首先我用手测量旧架子的宽度，约有两拃，而我以前测量过我的一拃是15厘米，所以架子宽度约等于30厘米。很明显架子的长度和高度很难用手测量，我就拿来了妈妈量衣服的皮尺，爸爸帮我按住左边，0刻度对齐架子的左侧，我拉直皮尺到最右侧，使皮尺保持水平直线，读出它的长度是[illegible]厘米。同样的方法，爸爸用0刻度线对齐架子的顶部，我拉住皮尺垂直到地面，读出它的高度是1米[illegible]厘米，这样架子的尺寸就测量完成了。爸爸根据我们测量的结果，买到了合适的架子。

通过这次测量，我感受到厘米和米和我们的生活息息相关，也懂得了学好知识的重要性。

图 5-39

【**教师阅后留言**】在生活的测量中，你学会了皮尺的使用方法，是一个善于运用知识的小朋友。

【**作业例选 3**】见图 5-40。

图 5-40

【教师阅后留言】 老师从你的测量经历中发现生活中处处有数学，你在生活中验证了我们学到的知识，一定很开心吧！

案例六

【布置时机】 "认识图形"学习之后。

【作业内容】 图形的世界非常奇妙。在认识三角形后，请同学们尝试一下能用它拼出哪些图形。

【作业目的】 学生通过拼一拼的方式进一步感受三角形的特征，从而培养动手操作能力。

【作业例选】 见图 5-41。

图 5-41

【教师阅后留言】 原来多个三角形还能拼成三角形和长方形呢！你真心灵手巧！

案例七

【布置时机】"多一些、少一些、多得多、少得多"学习之后。

【作业内容】小明有 60 张卡片，小红比小明多一些，小华比小明少一些，小亮比小明多得多。请同学们按照卡片的多少。

【作业目的】用画图的方式进一步理解多得多、少得多、多一些、少一些的含义，更加直观，感受数学学习的魅力。

【作业例选】见图 5-42。

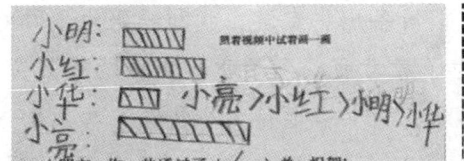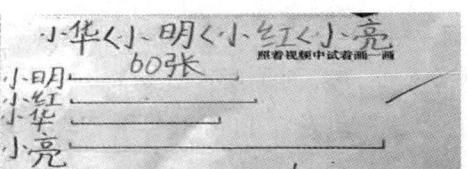

图 5-42

【教师阅后留言】你画的图一眼就能看出谁多谁少，真会观察！

案例八

【布置时机】"认识人民币"学习之后。

【作业内容】请同学们化身超市店长，设计身边的小小超市。

【作业目的】学生通过设计自己喜欢的超市，对人民币有了进一步理解，从中体会生活中的数学。

【作业例选】见图 5-43。

图 5-43

【教师阅后留言】看了你设计的超市，老师也想化身购物者去买东西呢！

案例九

【布置时机】"100 以内的加法和减法"单元学习后。

【作业内容】记录一次在生活中用 100 以内的加减法解决问题的经历。

【作业目的】使学生积极参与操作和思考等数学活动，从中体验学习成功的乐趣，并通过各种渠道的探索过程，理解数量之间的关系，体验数学与生活的联系，增强数学应用意识，培养思维的灵活性。

【作业例选 1】

放假这几天，爸爸、妈妈和好朋友们准备出去春游。我和妈妈为了做好准备工作，就到了超市去购物。妈妈为了考考我，到了卖小蛋糕的货架旁，问："这一块蛋糕 11 元钱，我们要买两块，一共需要付多少钱？"我想了一下，回答："11+11=22（元），一共需要付 22 元钱。"接着我们来到了卖牛奶的货架旁，妈妈又问："一盒优酸乳 12 元钱，一箱蒙牛 17 元，一箱旺仔要 21 元，我们一共要付多少钱呢？"我说："妈妈这太简单了，12+17+21=50（元），一共需要 50 元钱。"最后，我们来到卖火腿肠的货架旁，妈妈再次问我："1 包火腿肠 15 元钱，买两包的话就优惠 4 元，我们一共需要花多少钱呢？"我说："这可难不倒我，这要用到加减混合运算的知识了。15+15-4=26（元），需要 26 元。"该结账了，妈妈给了我 100 元钱，说："你去结账吧！最后再考一考你，看看我们一共花了多少钱，这 100 元够不够呢？够的话还需要找回多少钱？"我想了一下说："够了，22+50+26=98（元），100-98=2（元），一共花了 98 元，还得找回 2 元钱。"妈妈夸我真棒，说我会算账了，我真高兴啊！

【教师阅后留言】看了你设计的超市，老师也想化身购物者去买东西呢！妈妈的提问真的很用心，你回答得也很快速、准确，计算能力很不错哦！

【作业例选 2】

今天，我和爸爸妈妈一起去超市购物。一走进超市，里面的商品琳琅满目，使人眼花缭乱。妈妈给了我 100 元钱，让我自己去挑选喜欢的商品。我看见了外公平常最爱吃的"海太苏打饼干"，我看了看价格，每盒 23 元，便赶紧拿了一盒放进篮子里。接下来，我要向文具区前进喽！在那里，我看到了铅笔盒，忽然想起自己的铅笔盒破了，需要买一个新的，于是我买了一支 24 元的铅笔盒。后来，我又买了我需要的商品：防水姓名贴 6 元；头扎 15 元；番茄酱 9 元。现在我们来算算一共花了多少钱吧！ 23+24+6+15+9 = 77（元）。哇！原来 77 元可以买这么多东西，还能剩下 23 元呢！

愉快的购物结束了，今天真是满载而归啊！

【教师阅后留言】 真是一次充实而有趣的购物经历，你的计算能力真棒！真是妈妈的购物好助手！

【作业例选 3】

我的房间里面有一个美丽的书架，这是一个双层的书架。为了丰富我的课外知识，爸爸妈妈给我买了很多课外书，上层有 16 本书，下层有 20 本书。今天妈妈给我新买来了 10 本书，为了让我的书架看起来更美观一点，两层的书应该同样多，新买的 10 本课外书应该怎么摆放呢？

这可难不倒我。要算出书架每层有多少，就要先让上下两层的书同样多，然后再继续放。那么这 10 本书就要先拿 4 本给第一层，这样上下两层就都有 20 本，而新买的书就还剩 6 本。剩下的这 6 本我们要给每层分得一样多，就是每层 3 本。这样第一层就放 4+3=7（本），第二层就只放 3 本。

妈妈听了我的想法表扬了我，我的书架终于变得更丰富了！

【教师阅后留言】 用心思考生活中的每一个细节，数学真正成了你生活的一部分，真棒！

案例十

【布置时机】 学习"元、角、分"。

【作业内容】 认识不同的人民币，学以致用："元、角、分"综合实践活动。

【作业目的】 通过综合实践任务单让学生在观察人民币以及换币、取币、付币、找币等活动中认识各种面值的人民币，以及人民币之间的进率，从而进行简单的换算，并学会在生活中使用人民币。

【作业例选】 见图 5-44。

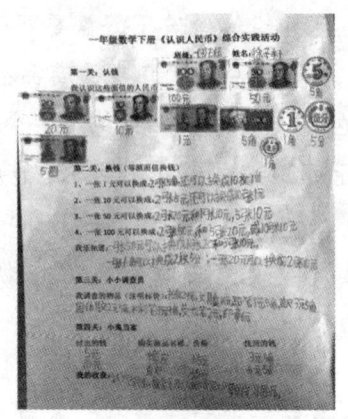

图 5-44

【教师阅后留言】你对人民币的了解真多呀！快和你的小伙伴们一起分享一下你的收获吧！

案例十一

【布置时机】"认识周长"学习之后。

【作业内容】图形的世界非常奇妙。在认识周长后，请同学们找出合适的工具测量家里家具的周长。

【作业目的】使学生通过亲身测量的方式进一步认识周长，培养其动手操作能力。

【作业例选】见图 5-45。

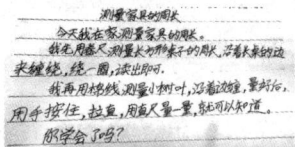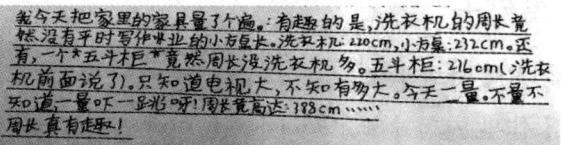

图 5-45

【教师阅后留言】学习了周长之后，测量家具竟然那么有趣。你真是个善于观察生活的人，老师为你感到骄傲！

案例十二

【布置时机】"长方形面积计算"学习之前。

【作业内容】请同学们回家测量书桌面的面积，并写出测算过程。

【作业目的】初步感受面积测量的本质。

【作业例选】见图 5-46。

答：先拿一本数学书，找到要量的东西，再以此去量。
书桌的面积是大约7本数学书，门的面积是大约42本数学书。
门的面积，先测出长，再测出宽，最后乘起来，就能得到门有几本数学书。

图 5-46

【教师阅后留言】你的描述能够让老师想象出你的书桌有多大哦！

案例十三

【布置时机】"升和毫升"学习之后。

【作业内容】做一个 1 升的量器，并分别标出 $\frac{1}{4}$ 升、$\frac{2}{4}$ 升、$\frac{3}{4}$ 升和 1 升。

【作业目的】通过动手操作加深学生对升和毫升的理解。

【作业例选】见图 5-47。

图 5-47

【教师阅后留言】能准确进行动手操作，看来你对升与毫升的理解很充分！

案例十四

【布置时机】"统计表和简单的条形统计图"学习之后。

【作业内容】搜集本周天气最高温度的数据，并绘制成条形统计图，对照图表，说说自己的感受。

【作业目的】让学生经历搜集整理数据、描述数据和分析数据的过程，帮助学生建立数据分析观念。

【作业例选】见图5-48。

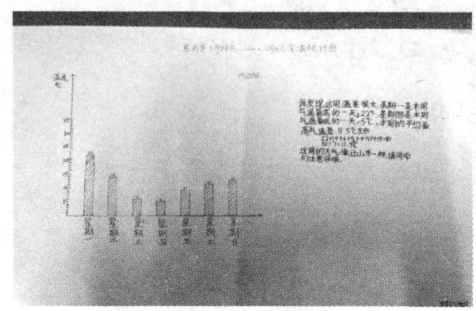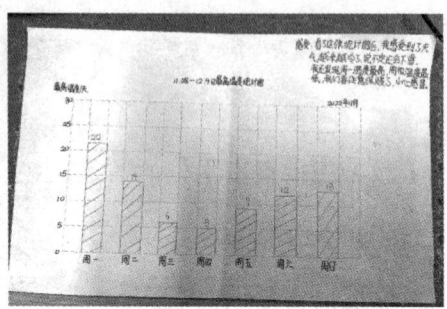

图 5-48

【教师阅后留言】分析得真好，有小小数据分析师的风范。

案例十五

【布置时机】"角的分类和画角"学习之后。

【作业内容】做一个活动角。

【作业目的】让学生做一个活动角，帮助学生更好地掌握角的分类。

【作业例选】见图5-49。

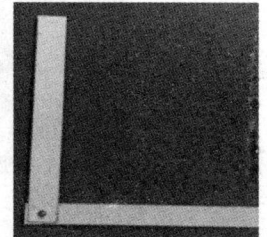

图 5-49

【教师阅后留言】动手能力很强，对角的认识一定很深刻，不错！

案例十六

【布置时机】"观察物体"学习之后。

【作业内容】请同学们找出自己最喜欢的玩具，拍出它的前面、右面和上面。或者用几个大方体拼出自己喜欢的立体图形，画一画它的前面、右面和上面。

【作业目的】通过简单的操作和图示表达，进一步理解某一面观察到的效果图，从而帮助学生拓展空间观念。

【作业例选】见图5-50。

图5-50

【教师阅后留言】能这样清楚有序地画出立体图形的三个面图示，老师很佩服你！做得真好！

第三节　探究型作业

案例一

【布置时机】数学趣题——"数字黑洞"。

【作业内容】自然数中有许多奇妙而有趣的现象，很多秘密等待着我们去探索。比如，对任意一个自然数，先将其各位数字求和，再将其乘 3 加上 1，多次重复这种操作运算，运算结果最终会得到一个固定不变的数，它会掉入一个数字"陷阱"，没有一个自然数能逃出它的"魔掌"，那么最终掉入"陷阱"的这个固定不变的数 R 是多少呢？

【作业目的】让学生按指定的运算步骤进行探索，观察、发现再验证，在这个过程中体会数字的奇妙和学习的乐趣。

【作业例选】

解答：以自然数 12 为例：

$12 \rightarrow 1+2=3 \rightarrow 3 \times 3+1=10 \rightarrow 1+0=1 \rightarrow 1 \times 3+1=4 \rightarrow 4 \times 3+1=13 \rightarrow 1+3=4 \rightarrow 4 \times 3 +1=13 \rightarrow \cdots$

再取 123 进行验证：

$123 \rightarrow 1+2+3=6 \rightarrow 6 \times 3+1=19 \rightarrow 1+9=10 \rightarrow 10 \times 3+1=31 \rightarrow 3+1=4 \rightarrow 4 \times 3+1=13 \rightarrow 1+3=4 \rightarrow 4 \times 3+1=13=\cdots=13\cdots$，所以这个数 R=13。答案：13。

【教师阅后留言】学生通过自己举例、分析、猜测、验证＝得出答案，体会数字的奇妙和学习的乐趣。

案例二

【布置时机】"容积与体积"概念学习之后。

【作业内容】"体积"与"容积"之间既有联系，又有区别。请同学们与小组同学合作，整理出容积和体积的异同点。

【作业目的】整理"容积"与"体积"的异同点，在对比中理解概念，形成知识结构。

【作业例选】

意义异同之处：

体积是指物体所占空间的大小；容积是指容器所能容纳物体的体积。一个物体有体积，但它不一定有容积。有容积的物体，它的体积一般比容积大，只有当容器壁比较薄，可以忽略不计时，体积和容积才相等。体积相等的两个容器，它们的容积不一定相等。

单位异同之处：

计量体积、容积都可以用立方米、立方分米、立方厘米等单位，但计量液体的体积，通常用升或毫升作单位；体积、容积单位之间的进率相同，相邻体积、容积单位间进率为1000；体积、容积单位之间的换算，由高级单位化成低级单位乘进率，由低级单位化成高级单位除以进率。

测量方法异同之处：

计算体积时，长、宽、高的数据要从物体的外面度量；而计算容积时，要去掉容器四周壁的厚度，长、宽、高的数据必须从容器的里面度量。不同物体拼在一起，它们的体积不发生改变。一般把不规则物体的体积转化成可通过测量计算的水的体积。

【教师阅后留言】通过小组合作互学互评，有利于共同进步。

案例三

【布置时机】"厘米和米"单元学习之后。

【作业内容】不同长度的物体在同一时刻影子的长短是不同的；同一长度的物体在不同时刻影子的长短也是不同的；正午时刻，同一地点所有物体的影子最短。研究影子的变化是本次活动的主要问题。

【作业目的】通过观察、操作、测量各种目标物影子长度的实践活动，体会影子长短与时刻的关系——在同一地点，正午时刻物体的影子最短。使学生获得一些数学活动经验，形成初步的观察、分析问题的能力；同时，在与同伴合作、交流与解决问题的过程中，使学生感受到数学与现实生活的密切联系，进一步激发学习数学的兴趣，并在活动中培养创新精神。

【作业例选】

作业1　厘米和米的实践

（1）选择能找出影子的物体，测量他们的长度。

选择的物体	它的长度
自行车	1米
垃圾桶	80厘米

（2）在一天中不同的时刻，分别测量它影子的长度，并做记录。

时刻	选择的物体	影子的长度
上午9点	自行车	70厘米
	垃圾桶	60厘米
中午12点	自行车	30厘米
	垃圾桶	20厘米
下午5点	自行车	1米30厘米
	垃圾桶	1米10厘米

（3）我发现：同一个物体，在不同时刻观察，它影子的长度是不一样的。不同的物体，在同一时刻观察，它们的影子的长度也是不一样的。

作业2　影子的长度

我觉得，影子的长度和物体的长度有关。为了证明我的观点，我要做一个小小的实验。

我准备用一个高高的台灯，还准备了三支不同长度的铅笔A、B、C，其中A＞B＞C。首先台灯固定不动，先把A放到台灯下面，并量出A的影子的长度，然后把B和C依次放在A的位子，用相同的方法进行测量。发现A的影子最长，C的影子最短。原来影子的长度真的和物体的长度有关。

当我准备放好台灯时，看到铅笔的影子在变化，我移到它的正上方时，它的影子最短。我慢慢把台灯向远处移动时，影子越来越长，原来，影子的长短和光照也有关系。

通过这次实验，我发现不同物体在同一时刻高度越高，影子越长；同一物体在光照角度不同的情况下，影子的长短也不同。

作业 3　影子的变化规律

一、影子的测量

时间	测量对象高度（厘米）	影子高度（厘米）	影子方向
上午（8:30）	妈妈的身高（166 厘米）	289	西北
	木棒（26 厘米）	45	西北
中午（11:40）	妈妈的身高（166 厘米）	145	北
	木棒（26 厘米）	20	北
下午（16:00）	妈妈的身高（166 厘米）	290	东北
	木棒（26 厘米）	48	东北

二、影子的规律

我发现了影子从上午到下午的变化规律是由长变短再变长，正午时的影子是最短的。我还发现影子的方向总和太阳的方向相反。

【教师阅后留言】①非常详细的一份表格，看得出你为此付出了很多努力，记录的数据也非常真实，老师对你的评价是五颗星！②从你的作业中看出你的课外知识非常丰富，能够用字母标记的方法说明你的学习能力非常棒，表达方式也很科学，未来一定是一个数学家！③不仅详细地记录了影子的长度，还标出了影子的方向，你认真钻研的样子老师非常喜欢！

案例四

【布置时机】"倒数的认识"学习之后。

【作业内容】"倒数"是怎样的？怎样求一个数的倒数呢？请同学们研究一下。

【作业目的】通过后续的自主研究，进一步掌握找倒数的方法。

【作业例选】

①求一个非零整数的倒数，直接写成以这个整数为分母，分子为 1 的分数即可。

$6 \rightarrow \frac{1}{6}$

②求一个真分数的倒数，只要把这个分数的分子与分母颠倒位置即可。$\frac{5}{8} \rightarrow \frac{8}{5}$

③求一个带分数的倒数，要先把带分数化成假分数，再求其倒数。$2\frac{3}{5} \rightarrow \frac{13}{5} \rightarrow \frac{5}{13}$

④求一个小数的倒数，要先把小数化成分数，再求其倒数。$1.5 \rightarrow \frac{3}{2} \rightarrow \frac{2}{3}$

【教师阅后留言】你通过举例子发现并归纳出来的数学奥秘太了不起了！老师为你感到骄傲！

案例五

【布置时机】"分数四则混合运算"学习之后。

【作业内容】学校足球只数是篮球、足球总数的$\frac{5}{13}$，开学后又买了24只篮球，现在足球只数是两种球总只数的$\frac{5}{17}$，足球原有多少只？

【作业目的】分数应用题中单位"1"不统一，理清具体数量与对应分率之间的关系，寻找其中的不变的量作为单位"1"是关键。通常情况下，要将"不变量"看作单位"1"，题目条件中的一些分率要转化成"不变量"作为单位"1"的分率，然后可以多角度思考。也可以抓住不变量，把分数转化成比，统一份数，然后巧妙解题。

【作业例选】

分析：从开学后又买了24只篮球看出，篮球和总数都发生了变化，但足球的只数没有变化，因而可把足球只数这个不变量看作单位"1"。

> **思路1：**
>
> 原来足球只数占总数的$\frac{5}{13}$，那么篮球只数占$\frac{8}{13}$，因为足球的只数是不变的，转换单位"1"，篮球只数是足球的：$\frac{8}{13} \div \frac{5}{13} = \frac{8}{5}$。
>
> 现在足球只数是两种球总只数的$\frac{5}{17}$，那么篮球只数占$\frac{12}{17}$，那篮球只数是足球的：$\frac{12}{17} \div \frac{5}{17} = \frac{12}{5}$。
>
> 接下来的步骤，同上。

思路2：

当一个量占另一个量的几分之几，或者一个量占总量的几分之几时，可将其转化成两个部分量的比，或者部分量与总量的比。

已知足球只数是篮球、足球总数的 $\frac{5}{13}$，那么原来足球只数：篮球只数=5:8，

现在足球只数是两种球总只数的 $\frac{5}{17}$，那么现在足球只数：篮球只数=5:12。

观察可以发现，篮球增加了4份，对应24只篮球。

可知足球只数：24÷6×5=30（只）

【**教师阅后留言**】你抓住了不变量，可以从多角度思考，灵活运用知识，完成了一题多解。

案例六

【**布置时机**】"认识万以内的数"学习之后。

【**作业内容**】小红在算盘上用两个珠拨了一个三位数，可以是哪些不同的三位数？（先画一画，再列出来）

【**作业目的**】通过在算盘上拨珠，使学生感受最高位不可为0，并感受计算器与算盘的不同之处。

【**作业例选**】

分析1：

这道题需要注意关键词，在算盘上，两个珠，三位数，所以在百位上至少需要拨一颗算珠。因为算盘上有上珠和下珠，如果所有算珠拨在百位上，那么有两种情况，一种是200，一种是600。如果百位上拨一颗算珠，那么还有一颗算珠可以拨在十位，那么会有110、150、510、550等三位数。如果一颗算珠在百位，还有一颗算珠在个位，那么有101、105、501、505等三位数，所以总共能拨出来10个三位数。

分析2：

算盘在拨珠的时候要注意上珠和下珠的区分，如果都拨上珠，会有一种情况，就是两颗上珠在不同数位，这样会出现550、505两个三位数。如果

都拨下珠，会出现两种情况，一种是都拨百位，一种是拨不同数位，会出现 200、110、101 三个三位数。如果是拨一颗上珠、拨一颗下珠，那么情况会复杂一点，会出现 600、105、501、150、510 五个三位数。所以总共能拨出 10 个三位数。

【教师阅后留言】①想得真的很周全哦！能够很好地区分算盘和计数器，也能考虑到它们运用时需要注意的地方，相信你可以很好地使用这些数学用具。②分析得头头是道哦！可以做到不重复、不遗漏，真是了不起，为你点赞哦！

案例七

【布置时机】《表内除法》单元学习之后。

【作业内容】商店为了促销，规定 3 个空瓶可以换一瓶汽水，丁叔叔买了 9 瓶汽水，他实际可以喝多少瓶？

【作业目的】通过半开放式的问题，激发学生的思维，培养学生的数学应用意识，使学生在有挑战性的任务中学会细心地分析问题、有条理地思考，提高解决问题的能力。

【作业例选 1】

解决这个问题，可以用画图的方法。即用 10 个 ◯ 表示 10 瓶汽水，按照每 3 个空瓶去换一瓶汽水，然后一直换下去就好了。

第一次：

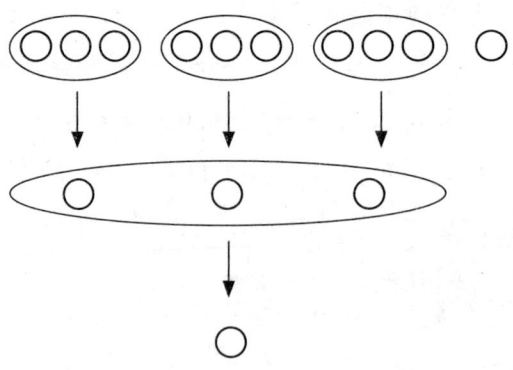

图 5-51

如图 5-51，第一行圈起来的表示第一次得到的饮料，但随后又产生了 3

个空瓶子,所以又能换 1 瓶饮料。可以看出图中最后还剩下两个空瓶子。所以我们还可以再和老板借 1 瓶饮料,喝完把空瓶子还给老板就好了。最后丁叔叔一共喝了 15 瓶汽水。

【教师阅后留言】画图的方法真是简洁又明了,此题解答清楚、思路清晰。真不错!

【作业例选 2】

这道题一共有 10 个空瓶,可是 10 个空瓶每 3 个 1 份的话不够分,怎么办呢?聪明的我想到来一个办法,去掉最后一个多余的空瓶,这样第一次就能换回 9÷3=3(瓶)了。不过这时候还不能结束哦,这时候有 3+1=4(个)空瓶了。这 4 个空瓶子里可以拿出其中 3 个,换 3÷3=1(瓶)。这时候应该一共喝了 10+3+1=14(瓶),我觉得这就是答案了。

就在我以为做出了这道题时,爸爸又检查了一遍,好像发现了什么。他让我又多想了一点:现在还有 2 个空瓶,我们能不能再借 1 瓶喝了,然后把 3 个空瓶给商家呢?我想了想,好像效果是一样的,所以最后能喝到 15 瓶,丁叔叔真的好赚呀!看来我们学习数学真的既要细心又要多动脑筋!

【教师阅后留言】最后你和爸爸一起合作解决了这个问题,有了这次思考的经历,相信下次的你一定会更细心的。

【作业例选 3】

这是一道陷阱题,它有误导我们的地方!第一次分瓶的时候,每 3 个 1 组,9÷3=3(瓶),有的小朋友到这里就觉得找到正确答案了,一共喝了 10+3=13(瓶)。但是到这里并没有结束,因为喝完换的汽水后又产生了 3 个空瓶子,这 3 个空瓶子又可以换一瓶饮料,到这里已经有 10+4=14(瓶)了。但是我们要多动脑筋,到这里其实还没有结束!因为还有一个陷阱,还剩的 2 个空瓶子其实只要再加一瓶就可以再换一瓶新的了,我们可以先跟老板借一瓶,然后喝完了再拿 3 个空瓶子交给老板。一共可喝 10+3+1+1=15(瓶)汽水。

【教师阅后留言】不仅给出了解题的办法,还提醒同学们在哪些地方要注意,你真是一位既爱动脑筋又热心肠的同学。

案例八

【布置时机】"9的乘法口诀"学习之后。

【作业内容】学习了9的乘法口诀后，请同学们探索其中的规律。

【作业目的】感受9的乘法口诀的结构和规律，体会数学的奇妙，产生对数学知识的好奇心。

【作业例选1】

最近我们学习了9的乘法口诀，我可发现了好多规律呢。

第一个规律，积的个位和十位上相加的和都是九。例如，2×9=18，1+8=9；3×9=27，2+7=9。为了验证我的猜想，我跳到了8×9=72，果然7+2也等于9！不过这里有一个例外，就是一九得九，它的积没有十位。

第二个规律，积的十位上的数总比口诀里第一个数少1。例如，三九二十七，2比3少1；五九四十五，4比5少1。我同样用好几个例子证明了我的发现是对的。

第三个规律，从"一九得九"开始，下一句，积十位上的数依次加1，个位上的数依次减1；十位从1增加到9，个位从9下降到1。

今天我发现了三个规律，原来只要我们有一双善于发现的眼睛，数学中就处处可以发现到知识！

【教师阅后留言】你真的非常善于观察，足足发现了三个关于9的乘法口诀的规律，有一双善于发现的慧眼一定能帮你更好地学习数学！

【作业例选2】

学习了9的乘法口诀后，我发现，9乘几的乘积就是几十减几。

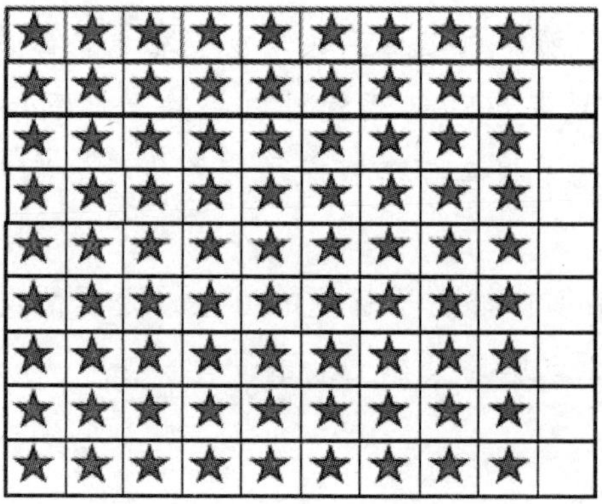

图 5-51

1个9	比10少 1	是 9
2个9	比20少 (2)	是 (18)
3个9	比30少 (3)	是 (27)

表 5-2

我用画图和列表格的方法发现了这个规律，如图 5-51，方框里的星星代表 1 个数，每有一个空格就代表比 10 少 1。从这幅图中我们可以看到，每增加一个，空格就少了 1，所以 9 的乘法口诀中有几个 9，积就是几十减几。

【教师阅后留言】你用的是列表格的方式来发现规律，表格画得很精美，规律找得也完全正确，真是一个爱动脑筋的小朋友。

【作业例选3】

9 的乘法口诀中有很多奥秘，我不仅会背，还发现了手指操的奥秘呢！

我们其实可以用手指来记乘法口诀哦。把两个手摊开，从左到右分别标为 1～10。

如果要算 9×1，就把第一根手指弯起来，数一数剩下的手指有多少根。刚好是 9 根！

如果要算 9×2，就把第二根手指弯起来。然后数一数这根弯起来的手指左右各有多少根手指，1 和 8，那就是 9×2=18！

如果要算 9×3，也是一样，第三根手指弯起来，它的左右刚好分别是 2 和 7，这就是 9×3 的答案 27！

有了这样的方法，我们就可以这样一直算到 9×9 了。

【教师阅后留言】人有两个宝，双手和大脑。你是一位既会动脑又会动手的孩子，你的手指操帮助了我们很多小朋友！

案例九

【布置时机】"认识图形"学习之后。

【作业内容】我们身边其实藏了很多不同的图形，请同学们仔细找一找、指一指、说一说，看看都能找到哪些图形。

【作业目的】学生通过对周围事物的观察，加深对图形的认识，体会数学其实就在身边。

【作业例选】

生：我在凳子的上面找到了圆（如图5-52）。

图 5-52

【教师阅后留言】原来数学就在我们身边呀！你观察得真仔细！

案例十

【布置时机】"排队问题"学习之后。

【作业内容】同学们在排队做操，从前往后数，乐乐排在第5个；从后往前数，乐乐排在第5个，乐乐所在这一队一共有多少人呢？

小明：一共有11个人，因为还要再加上乐乐本人。

小华：一共有9个人，因为题目中出现了两个"第"，说明乐乐被数了2次，所以还要再减1。

同学们觉得谁说得对呢？请说明理由。

【作业目的】通过判断正误，使学生巩固排队问题中的易混淆点，体会数学与生活的联系。

【作业例选】见图5-53。

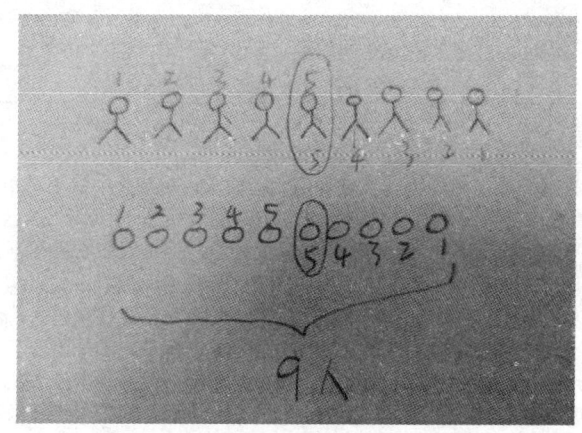

图 5-53

【教师阅后留言】你用画图解决了这个难题，真聪明！

案例十一

【布置时机】"认识大于 1 元的人民币"学习之后。

【作业内容】每一张人民币都是一张国家名片，传递着每个国家的风土人情和历史文化。小小的方寸空间，浓缩着设计师的高度智慧，也承载着人们对美好生活的向往。中华人民共和国成立至今，主要发行了五套人民币。每一套各自独立，又相互联系。从第一套的自力更生，到第二套各族人民大团结，到第三套的国民经济发展，再到第四套中国特色社会主义和第五套的伟大民族文化，从精美的图案，到或深或浅的底纹，再到或人或物的主画面，不仅浓缩着设计师的高超智慧，也潜藏着 5000 多年深邃的国学文化。请同学们进一步加强对人民币的了解。

【作业目的】学生通过对人民币软文化的探究，进一步加强对人民币的了解，培养学生的爱国主义情怀及爱护人民币和勤俭节约的良好习惯。

【作业例选】

货币的演化史

  大家好，我是一枚1角硬币，我是现已流通的人民币家族中最小的币值。别看我小，但是我的家族可庞大了，有5角硬币、1元硬币、1元5元10元20元50元和100元的纸币呢！听说以前还有1分、2分、5分的硬币，但是现在它们都不再使用了，随着分币一起流失的，还有很多其他的货币，现在听我来说说吧。

  最初人们为了方便交易，利用海贝作为货币。随着交易量越来越大，海贝无法满足需求了，开始流通金属铸币，可是金属很重，不便携带，于是出现了中国最早的纸币——交子。现在大家使用的人民币是由国家财政部门根据我国经济状况发行及更换的。我听说近年来出现电子货币，又安全又方便，出门只要带手机或银行卡，付钱的时候操作一下就可以了。

  我们钱币作用很大，可以买到好多东西，但是大家要记得，君子爱财，取之有道。这样我们被花掉的时候才会开心。

【教师阅后留言】你了解了人民币的发展史，从历史上货币的形成讲到后来的人民币，再到现在的信用卡，罗列得真详细！

案例十二

【布置时机】"认识线段"学习之后，"认识厘米"和"认识米"学习之前。

【作业内容】很久很久之前，人类是没有测量长度的标准单位的，只能凭借自己的生活经验去判断物体的长短。后来，为了更精确地测量物体长度，人们发明了"身体尺"作为度量标准；再后来，人们认识到还有比身体尺更精确的测量方法……每一种长度单位的发明，都凝聚了各个时期人类的智慧，也潜藏着人类对世界的探索。请同学们一起收集资料，认识一下长度单位的来历。

【作业目的】学生通过探索度量单位的来历，渗透对计量文化的探究，进一步加强对长度单位的了解，培养学生对数学学习的浓厚兴趣，提升学生的数学学科素养。

【**作业例选 1**】见图 5–54。

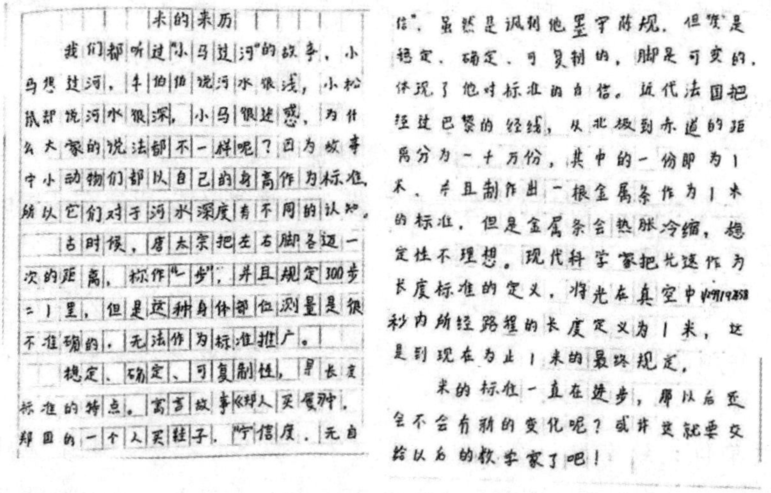

米的来历

我们都听过"小马过河"的故事，小马想过河，牛伯伯说河水很浅，小松鼠却说河水很深，小马很迷惑，为什么大家的说法都不一样呢？因为故事中小动物们都以自己的身高作为标准，所以它们对于河水深度有不同的认知。

古时候，唐太宗把左右脚各迈一次的距离，称作"一步"，并且规定300步=1里，但是这种身体部位测量是很不准确的，无法作为标准推广。

稳定、确定、可复制性，是长度标准的特点。寓言故事《郑人买履》中，郑国的一个人买鞋子，"宁信度，无自信"，虽然是讽刺他墨守成规，但"度"是稳定、确定、可复制的，脚是可变的，体现了他对标准的自信。近代法国把经过巴黎的经线，从北极到赤道的距离分为一千万份，其中的一份即为1米，并且制作出一根金属条作为1米的标准，但是金属条会热胀冷缩，稳定性不理想。现代科学家把光速作为长度标准的定义，将光在真空中1/299792458秒内所经路程的长度定义为1米，这是到现在为止1米的最终规定。

米的标准一直在进步，那以后还会不会有新的变化呢？或许这就要交给以后的数学家了吧！

图 5–54

【**教师阅后留言**】米的来历被你娓娓道来，老师看了都很感兴趣，知识面丰富的你都可以给老师科普啦！

【**作业例选 2**】见图 5–55。

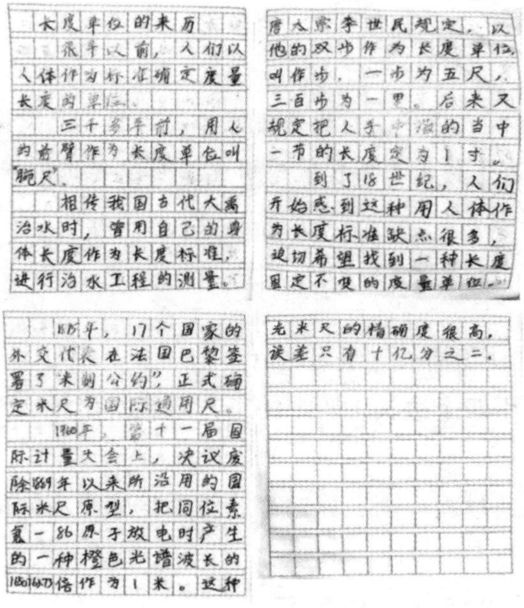

长度单位的来历

很久以前，人们以人体作为标准确定度量长度的单位。

三千多年前，用人的前臂作为长度单位叫"腕尺"。

相传我国古代大禹治水时，曾用自己的身体长度作为长度标准，进行治水工程的测量。唐太宗李世民规定，以他的双步作为长度单位，叫作步，一步为五尺，三百步为一里。后来又规定把人手中指的当中一节的长度定为1寸。

到了18世纪，人们开始感到这种用人体作为长度标准缺点很多，迫切希望找到一种长度固定不变的度量单位。

1875年，17个国家的外交代表在法国巴黎签署了"米制公约"，正式确定米尺为国际通用尺。

1960年，第十一届国际计量大会上，决议废除1889年以来所沿用的国际米尺原型，把同位素氪-86原子放电时产生的一种橙色光谱波长的1650763.73倍作为1米。这种光米尺的精确度很高，误差只有十亿分之二。

图 5–55

【教师阅后留言】为了探究长度单位的来历，你既从中国历史中寻找，又从世界历史中寻找，讲述得非常细致与全面，看来你有一颗胸怀世界的心。

【作业例选3】

探寻古代度量单位

学习了课本的度量单位，我很好奇古代的度量单位是怎么设置的，于是就查阅了相关资料，收获了很多。

我翻阅资料，查到了一些关于单位的记录：秦始皇统一六国后统一了度量衡，后在秦朝的基础上，唐宋等朝代做出了一些改变，有些单位甚至还在使用。

长度单位大致有跬、舍、尺、咫、寻、仞、寸、丈。半步为跬，诗句有"不积跬步，无以至千里"；古代行军时以三十里为一舍；尺指男性的一拃为一尺；女性的一拃指一咫，稍短于尺，后来咫尺连用，表示距离短，如"近在咫尺"；"寻"字像一个人伸开双臂的样子，伸开双臂的长度，大致八尺；仞跟寻相差不大，相当于七尺左右；寸是比较小的计量单位（10 寸 =1 尺，10 尺 =1 丈，1 寸 =3.33 厘米）；相对于寸，丈是比较长的计量单位，古代的男子婚后被称为"丈夫"，大抵是说一个男子身高达到一定高度，可以保护妻子。

古代文化果然博大精深，我热爱传统文化，我也热爱数学！

【教师阅后留言】你从中华传统中研究了长度单位的发展史，热爱祖国、热爱传统之心值得赞扬！

案例十三

【布置时机】"认识周长"学习之后。

【作业内容】用四个边长 1 厘米的正方形能拼出什么图形？它们的周长分别是多少？

【作业目的】通过画一画、算一算，使学生感受不同的拼法得到的图形周长不同。

【作业例选】见图 5-56、图 5-57。

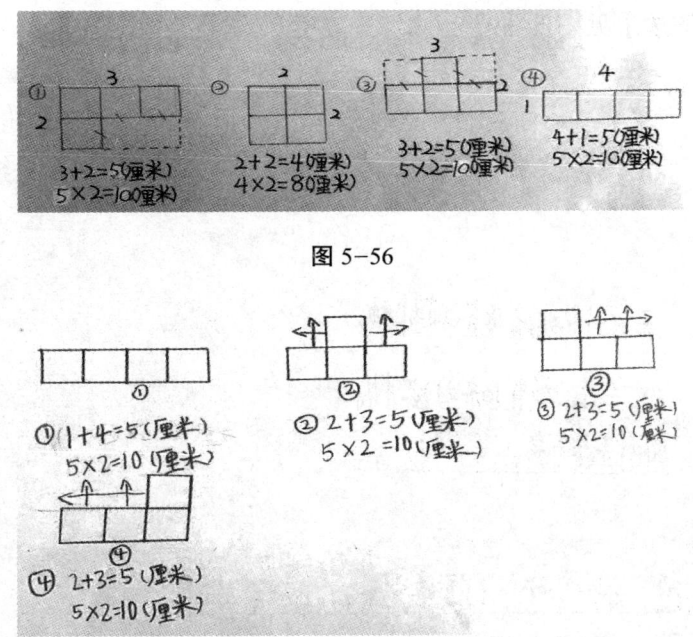

图 5-56

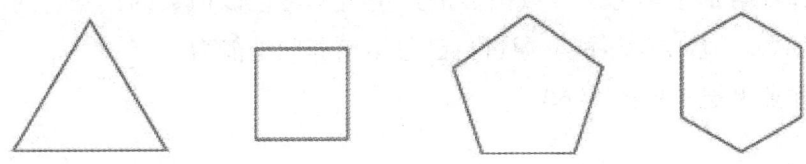

图 5-57

【教师阅后留言】你用四个 1 厘米的小正方形拼出了这么多种图形，而且周长还各不相同呢！真棒！

案例十四

【布置时机】"轴对称图形"学习之后。

【作业内容】思考：正八边形有几条对称轴？正十边形呢？画图验证自己的想法。猜想：圆有几条对称轴？

提示：可先画出下面图形（见图 5-58）的对称轴，从中发现规律。

图 5-58

【作业目的】将对称轴和图形本身特征建立联系，使学生对轴对称图形的认识从操作上升到思考。

【作业例选】见图 5-59。

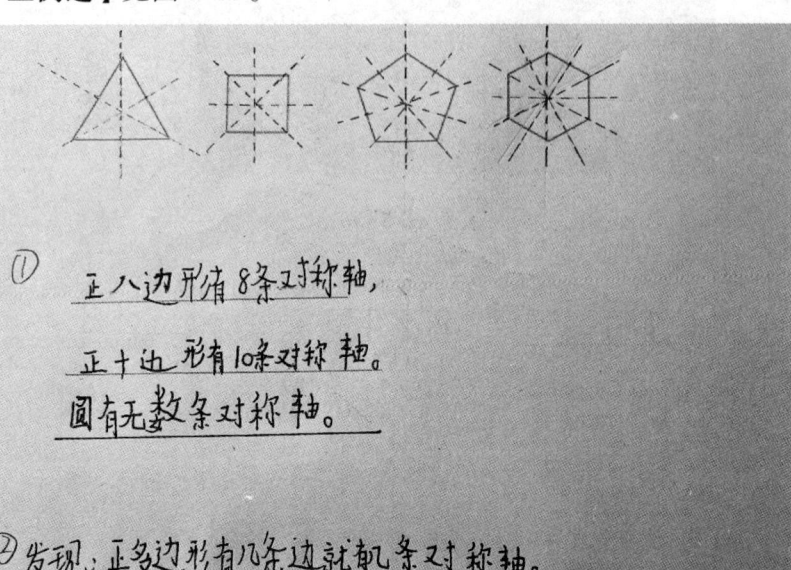

① 正八边形有8条对称轴，

　正十边形有10条对称轴。

　圆有无数条对称轴。

② 发现：正多边形有几条边就有几条对称轴。

图 5-59

【教师阅后留言】通过操作，你对轴对称图形有了更深的感悟。学习知识离不开动手操作，加油哦！

案例十五

【布置时机】"亿以内的数的读法"学习之后。

【作业内容】读出下面的数字，并试着总结一下读大数的方法。

88880000、88800100、88808000、88800008、88800080

【作业目的】学习了万以内数的读法再学习亿以内数的读法，对学生而言难度不大，希望学生能够通过自己总结培养归纳能力。

【作业例选】见图 5-60。

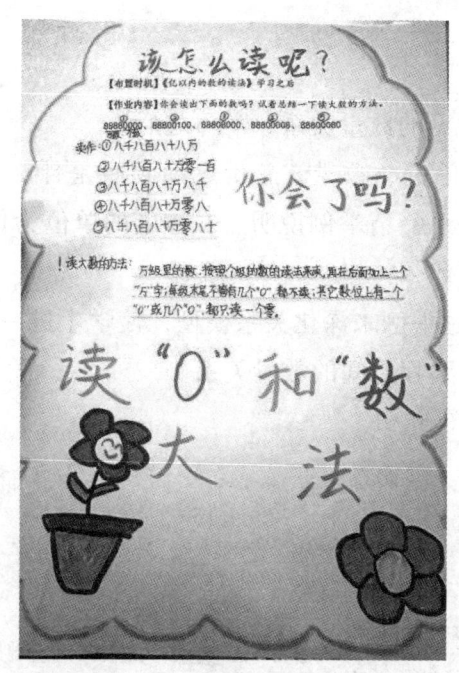

图 5-60

1. 88880000 读作：八千八百八十八万

2. 88800100 读作：八千八百八十万零一百

3. 88808000 读作：八千八百八十万零八千

4. 88800008 读作：八千八百八十万零八

5. 88800080 读作：八千八百八十万零八十

总结：1. 先分级，每四位数分成个级和万级。

2. 先读高一级的数，再读低一级的数。

3. 万级数按个级数的读法来读，再在后面加一个万字。

4. 每级末尾不管几个 0 都不读，其他数位上有一个 0 或者

连续几个 0，都只读一个 0。

【教师阅后留言】总结得非常正确，真厉害！

案例十六

【布置时机】"常见的数量关系"学习之后。

【作业内容】1.单价、数量、总价之间到底是什么关系？速度、时间、路程之间又是什么关系？请举例说明。2.速度的单位为什么由两部分组成？常用的速度单位还有什么？

【作业目的】通过举例来深化关系模型，使学生进一步了解单价、数量、总价和速度、时间、路程之间的数量关系。

【作业例选】见图5-61。

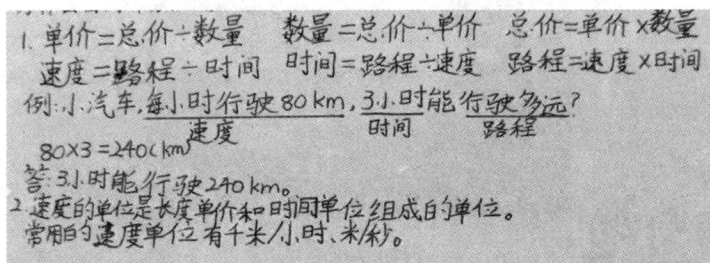

图 5-61

【教师阅后留言】你的例子让老师也一下子记住了它们之间的关系，你真是一个善于观察的孩子！

案例十七

【布置时机】"平行四边形和梯形"学习之后。

【作业内容】如图5-62，下面的图形被纸遮住了一部分，请同学们猜一猜原来的四边形是什么？有哪几种可能？为什么？（试着画一画，帮助理解）

图 5-62

【作业目的】通过"有几种可能"这样的发散型思考练习，使学生进一步感受平行四边形和梯形的图形特征。

【作业例选】见图 5-63。

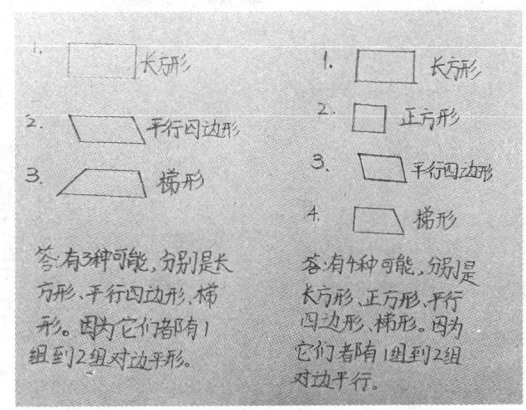

图 5-63

【教师阅后留言】通过这令人"眼花缭乱"的图，老师看到了你的认真思考和努力付出，加油！

案例十八

【布置时机】"三角形的认识"学习之后。

【作业内容】请同学们思考：一个三角形剪一刀可能变成两个什么三角形？在可能的选项后面打√，并写出判断的理由（可画图）

①锐角三角形＋锐角三角形（　　）

②锐角三角形＋直角三角形（　　）

③锐角三角形＋钝角三角形（　　）

④直角三角形＋直角三角形（　　）

⑤直角三角形＋钝角三角形（　　）

⑥钝角三角形＋钝角三角形（　　）

【作业目的】通过分析、想象、作图，丰富概念内涵。

【作业例选】见图 5-64。

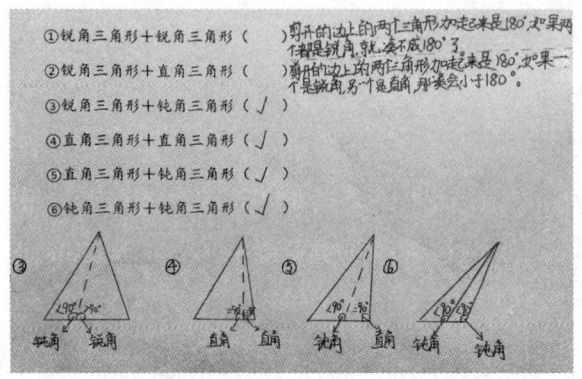

① 锐角三角形＋锐角三角形（ ）   割开的边上的两个三角形加起来是180°,如果两
② 锐角三角形＋直角三角形（ ）   个都是锐角,就凑不成180°了
③ 锐角三角形＋钝角三角形（ √ ）   割开的边上的两个三角形加起来是180°,如果一
④ 直角三角形＋直角三角形（ √ ）   个是锐角,另一个是钝角,角度会小于180°。
⑤ 直角三角形＋钝角三角形（ √ ）
⑥ 钝角三角形＋钝角三角形（ √ ）

图 5-64

【教师阅后留言】你的分析可真全面，图也画得明白易懂。看来你有当小老师的天赋呢！

案例十九

【布置时机】"三角形内角和"学习之后。

【作业内容】学习了"三角形内角和"后，请同学们探究一下直角三角形、等腰三角形、等边三角形内角中的秘密吧！

【作业目的】使学生在未知角的计算中进一步掌握图形特征，培养逻辑推理能力。

【作业例选】见图 5-65。

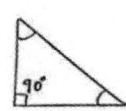
因为三角形内角和为180°,直角为90°,所以另外两个锐角的内角和总为90°。

180°-90°=90°
答:直角三角形的两个锐角之和总是90°。

第一种 等腰三角形与直角三角形相同,只不过是两腰相等。

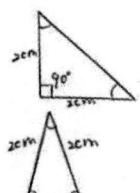
第二种等腰三角形只满足两腰等,所以无法计算,但内角和依旧是180°。

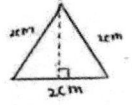
等边三角形每条边都相同,那么每个角的度数也是相同的,只需把180°平均分3份。

图 5-65

【教师阅后留言】通过你的整理，大家一定会对三角形内角和有更深的感悟。

案例二十

【布置时机】"三角形分类"学习之后。

【作业内容】如图 5-66，下面三角形都被遮住了一部分，请同学们猜一猜原来是什么三角形。（画图，并写出理由）

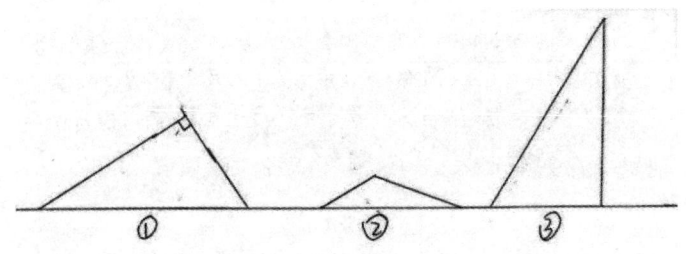

图 5-66

【作业目的】将图形的本质和概念联系起来，帮助学生理解。

【作业例选】见图 5-67。

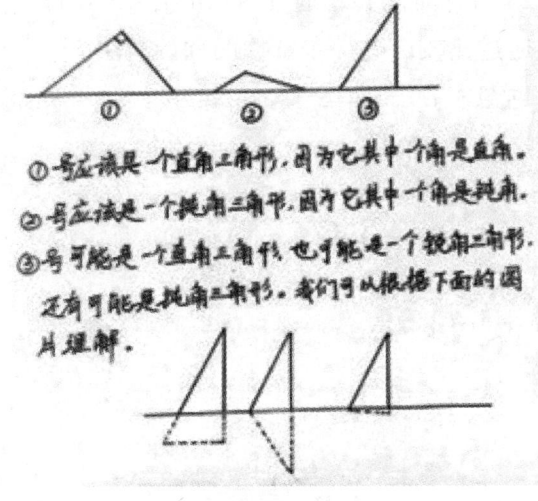

①号应该是一个直角三角形，因为它其中一角是直角。
②号应该是一个钝角三角形，因为它其中一角是钝角。
③号可能是一个直角三角形，也可能是一个锐角三角形，还有可能是钝角三角形。我们可以根据下面的图片理解。

图 5-67

【教师阅后留言】思路很清晰，一下子就让老师看明白了该怎么去判断是哪种三角形，特别棒！

案例二十一

【布置时机】"年月日"学习之后。

【作业内容】什么是年、月、日、季度、上半年、下半年、大月、小月、闰年、平年？请同学们用自己的话来描述一下它们。

【作业目的】基于自身理解进行描述，将"虚"的实际长度"实"化。

【作业例选】见图 5-68。

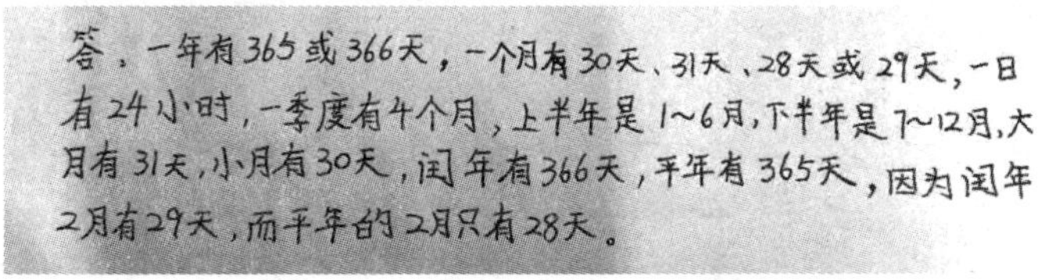

答，一年有365或366天，一个月有30天、31天、28天或29天，一日有24小时，一季度有4个月，上半年是1~6月，下半年是7~12月，大月有31天，小月有30天，闰年有366天，平年有365天，因为闰年2月有29天，而平年的2月只有28天。

图 5-68

【教师阅后留言】知识梳理得很周全。

案例二十二

【布置时机】"24 时计时法"学习之后。

【作业内容】24 时计时法和普通计时法有什么不同？请举例说明。

【作业目的】通过比较，进一步掌握两种计时法。

【作业例选】见图 5-69。

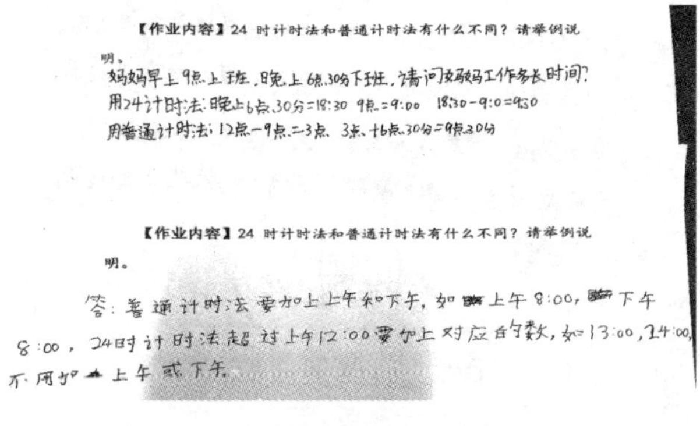

【作业内容】24 时计时法和普通计时法有什么不同？请举例说明。

妈妈早上9点上班，晚上6点30分下班，请问妈妈工作多长时间？
用24计时法：晚上6点30分=18:30 9点=9:00 18:30-9:0=9:30
用普通计时法：12点-9点=3点，三点，3点+6点30分=9点30分

【作业内容】24 时计时法和普通计时法有什么不同？请举例说明。

答：普通计时法要加上上午和下午，如上午8:00，下午8:00，24时计时法超过上午12:00要加上对应的数，如13:00，24:00不用加上上午或下午。

图 5-69

【教师阅后留言】通过举例子的方式，区分了两种计时法的区别，基础知识学得很扎实。

案例二十三

【布置时机】"简单地经过时间"学习之后。

【作业内容】经过时间怎么算呢？如从 10：00 到 13：20 经过了多少时间？请举例分析。

【作业目的】使学生进一步掌握 24 时计时法。

【作业例选】见图 5-70。

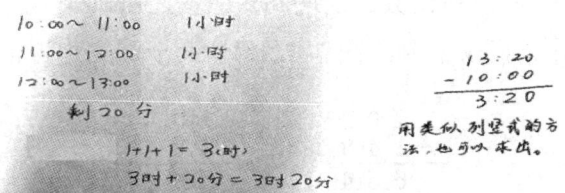

图 5-70

【教师阅后留言】能够自己去探究多种方法，你真了不起！

案例二十四

【布置时机】"商不变的规律"学习之后。

【作业内容】同学们举例来证明商不变的规律。

【作业目的】通过大量的举例来内化新知。

【作业例选】见图 5-71。

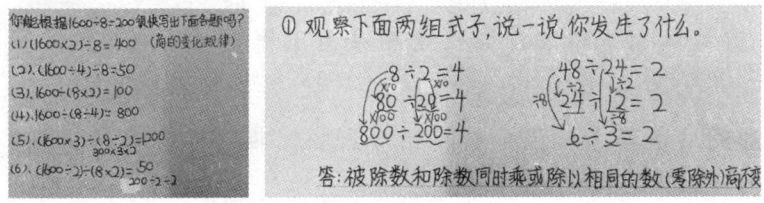

图 5-71

【教师阅后留言】能举例清晰地说明规律，说明你已经深刻理解了课堂学习内容，真不错！

第四节　评价型作业

案例一

【布置时机】"两、三位数的加法和减法"之后。

【作业内容】请同学们判断图5-72的这两个竖式是否正确。

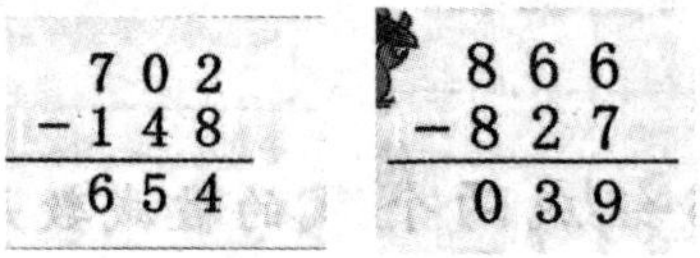

$$
\begin{array}{r}
7\ 0\ 2 \\
-\ 1\ 4\ 8 \\
\hline
6\ 5\ 4
\end{array}
\qquad
\begin{array}{r}
8\ 6\ 6 \\
-\ 8\ 2\ 7 \\
\hline
0\ 3\ 9
\end{array}
$$

图 5-72

【作业目的】通过分析错题，进一步掌握三位数减法的笔算方法，提高笔算的正确率。

【作业例选1】

这两道笔算都是错的。第一个错在百位，702-148中，它的个位"2"不够减，需要向十位借；十位也不够，只能百位借给十位10个十，十位再给个位1个十，10-9=1。因为十位没了1个十，就变成9个十；百位的7变成了6，6-1=5。

第二道笔算也是错的，百位上相减后不需要再写0，直接写39就可以了。

【教师阅后留言】错因分析得十分到位，相信你的解题正确率一定能提高。

【作业例选2】

第一题百位上退位没有退，如果要退位，要加点做个记号，叫作退位点，还要注意十位向百位借完之后，还要给个位1个十。第二道题也是百位的问题，要注意最高位相减如果为0，是不需要写的，但是如果其他数位相减后为0，一定要写0，起到占位的作用。

【教师阅后留言】你的建议干脆利落、准确有效，分析得也十分细致！

案例二

【**布置时机**】"两、三位数的加法和减法"之前。

【**作业内容**】407+386 应该如何笔算呢？要注意什么呢？

【**作业目的**】通过尝试，了解学生笔试能力和对多位数整数笔算加法的认识程度。

【**作业例选 1**】

407+386，我会笔算。其实和之前一百以内的加减法一样的，就是相同数位对齐，满十要向前一位进一位。不过要注意那个进位的小"1"要记得加，这样就不会算错了。

【**教师阅后留言**】看来你已经很好地掌握了本节课的精髓呢！

【**作业例选 2**】

个位上 7+6=13，要在个位上写 3，向十位进 1，十位上 0+8，还要再加上个位进上来的小"1"，就是 9 个十，然后百位上算 4+3=7，所以结果就是 793。

【**教师阅后留言**】你可以巧妙地运用已经学习过的经验解答未知问题，善于观察归纳总结，真不错！

案例三

【**布置时机**】"有余数的除法"学习之后。

【**作业内容**】请同学们根据要求评价图 5-73 的这份作业。

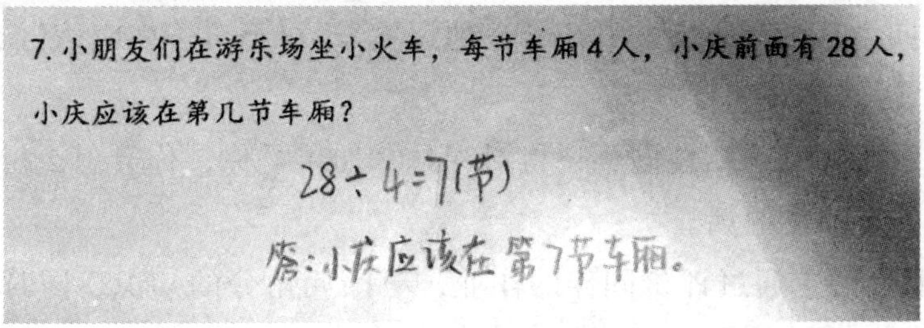

7.小朋友们在游乐场坐小火车，每节车厢坐 4 人，小庆前面有 28 人，小庆应该在第几节车厢？

28÷4=7（节）

答：小庆应该在第 7 节车厢。

图 5-73

（1）这道题她做错了，请分析原因。

（2）有什么好的方法可以解决这样的问题呢？

（3）请综合评价这份作业。

【作业目的】通过评价同班的作业，学生不仅能巩固正确解答此类问题的方法，还能学会归纳总结的能力，提高自身的数学素养。

【作业例选】

（1）我觉得她很粗心，没有弄清楚有多少人。

（2）做这种题目一定要清楚前面有多少人。这个题目中，小庆前面有28人，但是小庆自己是第29个，也需要坐一个车厢的，要把小庆也算进去的，如果说小庆是第28个，那么就不用再加一节车厢了。

（3）做这种题目的时候要弄清楚到底有多少人，几人为一组，具体需要分成几组，以及剩下的人需不需要在车厢。看题目的时候还是要想清楚，条件看清楚了再做题目，不然题目都没有理解就解答就很容易出错。

【教师阅后留言】你能看透问题的本质，想法很棒，还会将不同的问题进行比较，总结归纳能力不错哦！

案例四

【布置时机】"元、角、分"学习之后。

【作业内容】请同学们根据要求评价这份作业。

学习了元角分后，记录一次用人民币购买商品的经历。描述付币和找币的过程。

小亮同学在反馈的时候说：我买了46元的小积木，我可以付4张10元和1张6元。

小明同学马上有不同的看法了，他说："不对不对，你应该付1张40元和6张1元。"

要求：①你觉得哪位同学说得对呢？②如果是你，你会怎么付？③请综合评价这些小朋友的话。

【作业目的】通过评价同伴的作业，巩固元角分的知识，同时更熟练地将元角分的知识正确应用于生活。

【作业例选】见图 5-74。

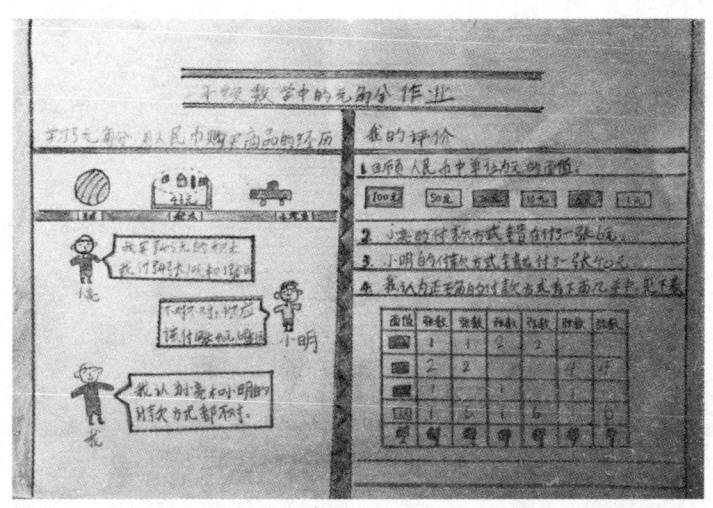

图 5-74

【教师阅后留言】你用小表格的方式总结了我们学习的部分人民币的面额，特别清晰。同时，你对小朋友的评价也很到位，非常棒！

案例五

【布置时机】"我们身体上的尺"学习之后。

【作业内容】请同学们根据要求评价这份作业。

学习了厘米和米，老师让同学们记录一次用测量工具准确测量物体的经历，并描述测量的过程。

亮亮同学在反馈的时候说："我测量了房间的长和宽，用张开手臂的身体尺去量，我测量的结果是长 5 庹多一点、宽 4 庹少一点。"

明明同学马上有不同的看法了，他说："不对不对，你的测量方式不准确，应该用直尺去量，我用直尺测量了很多次，才量出了我的房间长 635 厘米、宽 433 厘米。当然过程很辛苦，中间好几次失误了又从头开始测，真把我累坏啦！"

要求：①你觉得哪位同学的方法对呢？或者说你觉得他们都对？还是都有问题？②如果是你，你会怎么测呢？③请综合评价这些小朋友的话。

【作业目的】通过评价同伴的作业，巩固厘米和米的知识，同时更熟练地将厘米和米的知识正确应用于生活。

【作业例选 1】 见图 5–75。

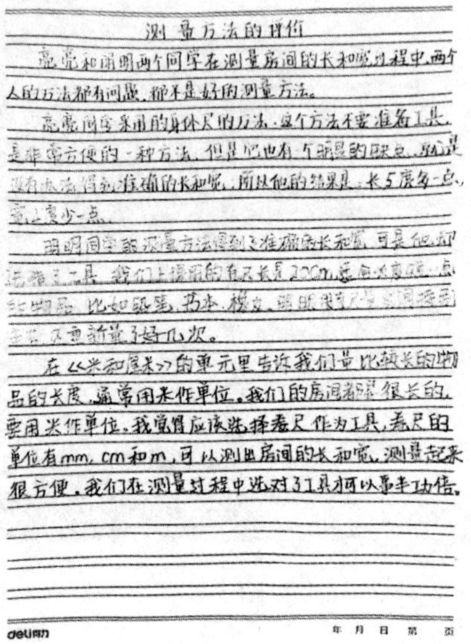

测量方法的评价

亮亮和明明两个同学在测量房间的长和宽过程中，两个人的方法都有问题，都不是好的测量方法。

在《米和厘米》的单元里告诉我们量比较长的物品的长度，通常用米作单位。我们的房间都是很长的，要用米作单位。我觉得应该选择卷尺作为工具，卷尺的单位有mm、cm和m，可以测出房间的长和宽，测量起来很方便。我们在测量过程中选对了工具才可以事半功倍。

图 5–75

【教师阅后留言】 字迹美观，页面整洁！你的作业给老师带来了很多启发。

【作业例选 2】 见图 5–76。

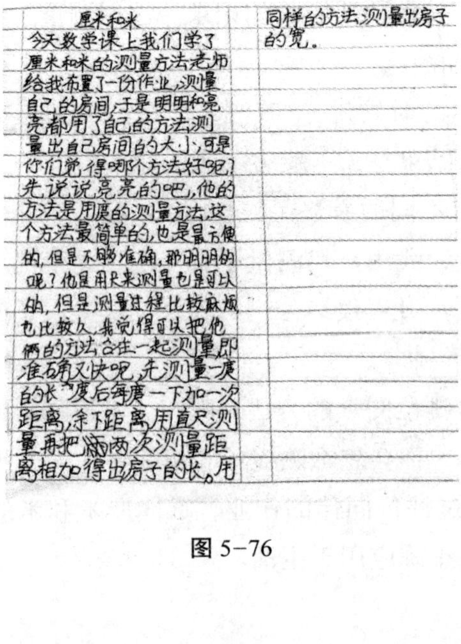

厘米和米

今天数学课上我们学了厘米和米的测量方法，老师给我布置了一份作业，测量自己的房间，于是明明和亮亮都用了自己的方法测量出自己房间的大小，可是你们觉得哪个方法好呢？先说说亮亮的吧，他的方法是用庹的测量方法，这个方法最简单的，也是最方便的，但是不够准确，那明明的呢？他是用尺来测量也是可以的，但是测量过程比较麻烦也比较久，我觉得可以把他俩的方法合在一起测量即准确又快呢，先测量一庹的长度后每庹一下加一次距离，余下距离用直尺测量，再把两次测量距离相加得出房子的长。用同样的方法测量出房子的宽。

图 5–76

【教师阅后留言】你对两个小朋友的不同方法评价得很到位，自己使用的方法也很好，以后可以请你做小老师帮助别的同学了！

【作业例选3】见图5-77。

厘米和米

数学就像一个海洋，我们探索里面的奥秘。

最近，我们学习了有关厘米和米的知识，让我们了解身体上竟然还有"尺"。那么1厘米有多长呢？当老师说我们的大拇指指甲盖宽可能是1厘米，我拿起尺子量了量，果然差不多1厘米。当老师说一拃的时候，又让同学们估计手掌的宽，差不多7厘米，真是太神奇了。

那么1米有多长呢？老师拿出一个米尺，请同学拉直米尺的两端，两臂伸开，量一量之间的距离，是不是大约一米。认识了1米后，教室里有黑板的宽、门的宽、课桌的长，都可以用身体"尺"来量一量。

通过测量可以知道，较短物体的长度可以用手测量，在用米尺的时候，上面有数字0~100，有刻度。1米的下面写着100厘米，我认为1米等于100厘米，100厘米就等于1米。知道了短的物体单位用厘米，长的物体单位用米。

数学就是这么奇妙，专心听讲，深入思考，学以致用。

我的测量记录如图5-77。

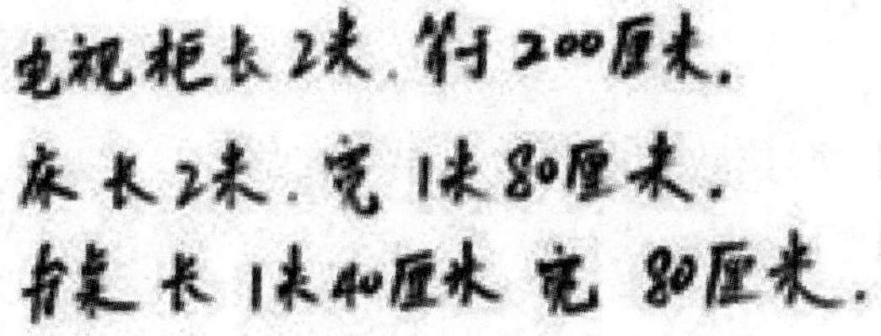

电视柜长2米，约200厘米。

床长2米，宽1米80厘米。

书桌长1米40厘米，宽80厘米。

图 5-77

【教师阅后留言】从你的作业中可以看出，你真的做到了专心听讲、深入思考、学以致用！

案例六

【布置时机】"多位数乘一位数"学习之后。

【作业内容】观察下面错误的竖式计算方法，说一说笔算要注意什么。

$$\begin{array}{r} 800 \\ -319 \\ \hline 591 \end{array} \qquad \begin{array}{r} 223 \\ \times\ 2 \\ \hline 445 \end{array} \qquad \begin{array}{r} 243 \\ \times\ 3 \\ \hline 629 \end{array}$$

【作业目的】通过错题分析，进一步掌握多位数乘一位数的笔算方法，提高正确率。

【作业例选】见图 5-78。

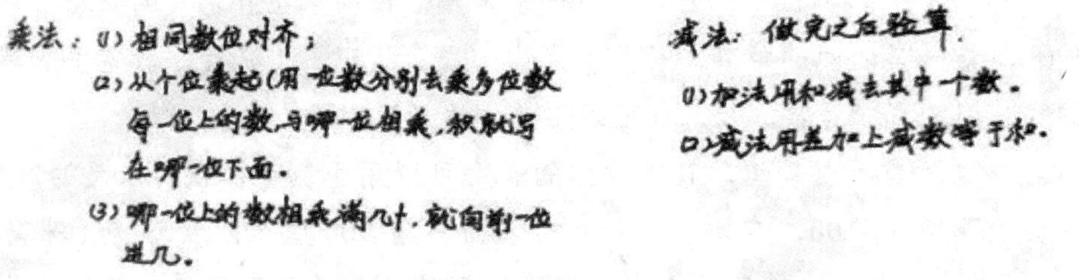

乘法：(1) 相同数位对齐；
(2) 从个位乘起(用一位数分别去乘多位数每一位上的数与哪一位相乘，积就写在哪一位下面。
(3) 哪一位上的数相乘满几十，就向前一位进几。

减法：做完之后验算。
(1) 加法用和减去其中一个数。
(2) 减法用差加上减数等于和。

图 5-78

【教师阅后留言】有了这些计算方法，相信接下来你的计算一定超级棒啦！

案例七

【布置时机】"两位数乘两位数"学习之后。

【作业内容】（1）列竖式计算。

$27 \times 23 = $ _____

$34 \times 36 = $ _____

$42 \times 48 = $ _____

（2）上一题的算式中，两个乘数十位上的数（　　），个位上的数相加都等于（　　）。积的末两位等于两个乘数个位上的数（　　），积的末两位前面的数等于两个乘数十位上的数乘比十位上的数多（　　）的数的积。

（3）利用上面的规律直接写出下面算式的结果。

91×99=　　　　　78×72=

55×55=　　　　　24×26=

【作业目的】探究乘法计算中的一些规律，并且能够运用这些规律解答相关题目。

【作业例选】见图5-79。

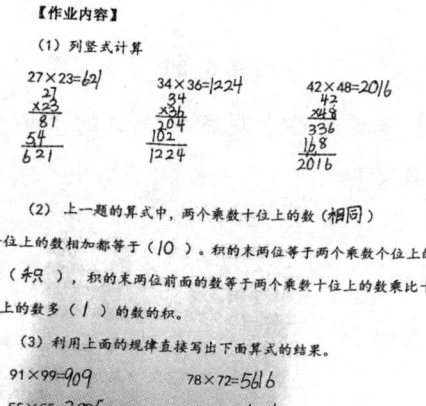

图 5-79

【教师阅后留言】以后遇到这种类型的计算题，你就可以根据规律直接写出结果啦！

案例八

【布置时机】"四舍调商"和"五入调商"学习之后。

【作业内容】近期笔算出错较多，请摘录一个笔算错例进行分析，再想想关于试商、调商的好方法。

【作业目的】通过探究试商失败的笔算式子，进一步了解每一步笔算的意义

【作业例选】见图5-80。

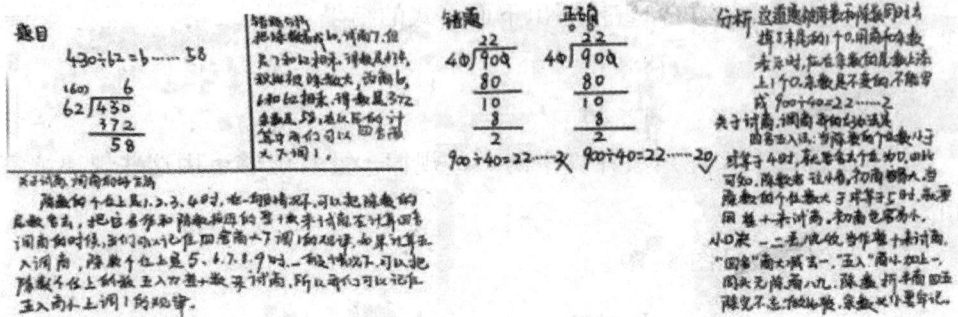

图 5-80

【教师阅后留言】你真是善于观察和表达的"小小数学家"，你把试商和调商的方法总结得真好！

第五节　亲子型作业

案例一

【**布置时机**】"圆柱和圆锥的概念"学习之后。

【**作业内容**】圆柱和圆锥之间有多少秘密？请同学们与家长说说圆柱和圆锥之间有什么联系。

【**作业目的**】通过互动交流，帮助学生深入思考，留给他们更多的思考空间。

【**作业例选**】

今天我们在图形与几何的世界里又认识了两个新朋友，分别是圆柱和圆锥，它们都有各自的特点，下面是我们一家讨论的看法。

哥哥抢先一步："圆柱从上到下一样粗，而圆锥上面尖尖的，下面圆圆的。"

弟弟接着说："确实，圆柱的上面是一个圆，而圆锥的上面只有一个顶点，所以圆柱有无数条高，而圆锥只有一条高。"

妈妈补充道："圆柱和圆锥也有共同点，它们的底面都是圆，侧面都是曲面。"

哥哥又有新想法，说道："虽然它们侧面都是曲面，但是侧面展开却不同。圆柱侧面如果沿着一条高剪开，能得到一个长方形。这个长方形的长就是底面周长，宽就是高，所以它的侧面积可以用底面周长乘高来计算。当底面周长和高相等时侧面展开就是一个正方形！如果不沿着高剪开，而是沿着侧面上的一条斜线剪开，还能得到一个平行四边形呢！"

弟弟肯定道："圆锥的侧面展开只能得到一个扇形。"

妈妈称赞道："你们了解得可真多，原来圆柱和圆锥还有这么多知识。"

【**教师阅后留言**】有意义的对话，学习无处不在。

案例二

【布置时机】"100 以内数的认识"学习之后。

【作业内容】21 个蘑菇放在两个盘子里，能使每个盘子里的蘑菇同样多吗？为什么？

【作业目的】使学生化身小讲师，加深对单双数的理解。

【作业例选】见图 5-81。

图 5-81

【教师阅后留言】你用"分一分"验证了自己的猜想，是个不错的角度！

案例三

【布置时机】"十几减 9"学习之后。

【作业内容】在学完"十几减 9"后，请同学们探究从中学到的方法。

【作业目的】使学生梳理知识脉络，进一步感受破十法、平十法、相加算减法之间的区别与联系。

【作业例选】见图 5-82。

图 5-82

【**教师阅后留言**】你讲得真流利，有潜力成为小老师哦！

案例四

【**布置时机**】认识"1平方米"学习之后。

【**作业内容**】请同学们用旧报纸拼出一个1平方米的正方形。探究如何用拼成的正方形量出家里一些物体面的大小。

【**作业目的**】感知1平方米有多大，感知生活中常见的较大物体面的面积。

【**作业例选**】见图5-83。

答，一张床大约有4张这样的报纸，房门大约有两张，饭桌大约有1张半这样的报纸。

图 5-83

【**教师阅后留言**】看了你的照片和文字，老师能够很清楚地感受到1平方米有多大，真棒！

第六节　跨学科作业

案例一

【**布置时机**】六年级跨学科作业。

【**作业内容**】规则的平面分割叫作镶嵌，镶嵌图形是完全没有重叠并且没有空隙的封闭图形的排列。一般来说，构成一个镶嵌图形的基本单元是多边形或类似的常规形状，其中的图形相互变化影响，并且有时会突破平面。在学习完图形的认识后，结合数学知识与其他学科知识，鼓励学生探索各种图形，包括规则和不规则图形，创造有趣的图案，以形成镶嵌，感受数学美。

【**作业目的**】学生通过自主创造镶嵌图形，对一些复杂组合印象深刻，能密切关注世界中的镶嵌。

【**作业例选**】见图 5-84。

图 5-84

【**教师阅后留言**】用各种图形镶嵌成美丽的图案，让老师从中也感受到了数学美。

案例二

【**布置时机**】有趣的抛物线。

【**作业内容**】指导学生有规律地连接线段，勾画出抛物线，展现出震撼的视觉效果。

【**作业目的**】使学生借助几何图形感受数学之美、理解数学之意。

【**作业例选**】见图 5-85。

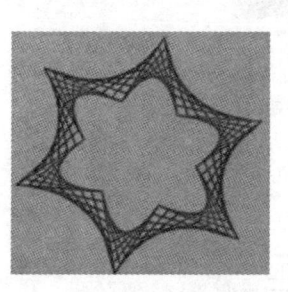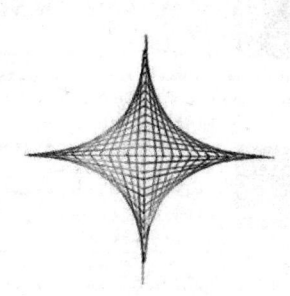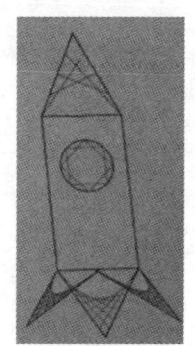

图 5-85

【**教师阅后留言**】有规律地连接线段，勾画出抛物线，相信你一定能用笔尖感受几何的美。

案例三

【**布置时机**】综合与实践。

【**作业内容**】主题活动——运动中的数学：学生可挑选自己感兴趣的内容，通过查找、梳理信息，以数学日记的形式与其他人分享。

【**作业目的**】让学生用数学的眼光观察生活中的问题，培养学生学习数学的兴趣。

【**作业例选**】见图 5-86。

阳光明媚的一天，我和爸爸妈妈来到五龙山跑步健身。

这里有花草树木、小桥流水、鸟叫虫鸣，还有健身步道，是一个"天然氧吧"。

跑步的方式一般有四种：快跑、慢跑、快走、慢走。我们准备在长约560米的健身步道上跑步，我选择的是快跑，爸爸选择的是慢跑，而妈妈选择的是快走。3秒倒计时结束时，我像离弦的箭一样冲了出去，逐渐与爸爸妈妈拉开了一段距离，过了几分钟，我们陆续到达了终点。我用时3.06分钟，由此可计算出我的平均速度约为11千米/小时；爸爸慢跑用时3.73分钟，由此可计算出他的平均速度约为9千米/小时；妈妈快走用时4.2分钟，由此可计算出她的平均速度约为8千米/小时。

健身的目的是消耗能量，身体能量的计算单位是卡路里。想知道我是怎么计算出我们各自消耗的卡路里吗？我查询到了关于跑步速度与消耗卡路里的对照关系，计算出不同跑步方式下单位速度消耗的卡路里，再根据我们各自跑步的平均速度，即可计算出我们各自消耗的卡路里，结果如下表：

健身方式	标准消耗		实际消耗	
	速度·km/h(一小时)	消耗能量(卡路里)	速度·km/h	消耗能量(卡路里)
快跑	12	700	11	32.7
慢跑	9	655	9	40.8
快走	8	555	8	38.9

本次五龙山健身之行，既锻炼了身体，又收获了身体能量消耗的数学知识，真是一举两得！

图 5-86

【教师阅后留言】生活中的数学无处不在，相信五龙山之行给你带来的不仅是身体的锻炼，还是思维的进阶。

案例四

【布置时机】"一亿有多大"学习之后。

【作业内容】请同学们选择一样物体，如"米粒"或"小棒"等，用"估"与"算"结合的方式描述一下1亿有多大。

【作业目的】在描述的过程中，进一步感受1亿的大小。

【作业例选】见图5-87。

一亿有多大？

1个亿组成　　　10个千万组成

100个百万组成　1000个十万组成

1 0000个万组成　10 0000个千组成

100 0000个百组成

1000 0000个十组成

1 0000 0000个一组成

图 5-87

1 亿粒米有多重？难道我们真的要去数一亿粒米再去称一称吗？那要数到什么时候啊？可以先数出 10 粒米，称一称它的重量，再乘以 1000 万；可以先数出 100 粒米，称一称它的重量，再乘以 100 万；可以先数出 1000 粒米，称一称它的重量，再乘以 10 万……

妈妈问我："为什么不取 105 粒或者 1050 粒呢？"我想了想说："因为这样计算起来比较简单。"

今天，我在家里做了这么一个实验。

（1）首先，我在米桶里挖出了一杯米。

（2）我开始认认真真数了起来，10 粒一堆，数了 10 堆，再检查了两遍，刚好 100 粒米（图 5-88）。

图 5-88

（3）接下来到了称重环节，我拿出了妈妈做烘焙用的迷你食物称。

（4）我把 100 粒米倒了进去，两份米和口杯的重量一共是 60 克。每份大米重量是 30 克，口杯重 28 克，30-28=2（克），100 粒大米的重量约是 2 克（图 5-89）。

图 5-89

（5）我把数字记录在了数学书上，100 粒大米重量是 2 克，10000 粒大米重量是 200 克，1000000 粒大米重量是 20000 克，100000000 粒大米重量是 2000000 克。

粮食是土地给予人类的馈赠，是很多人辛勤劳动的结果，粮食为人类生命延续提供了营养，我们要爱惜粮食、节约粮食。

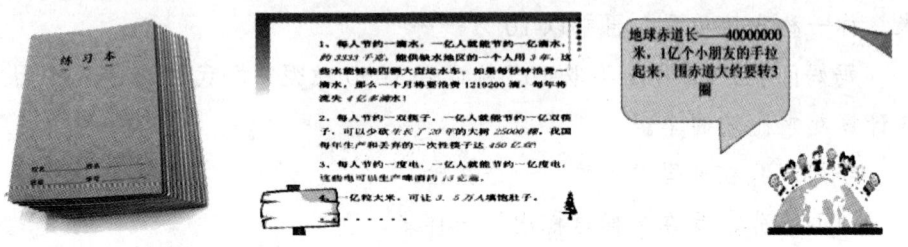

图 5-90

又如，1 秒数一本练习本，数一亿本，我们一刻也不停大约要数三年，假如每天数 8 小时，数完一亿大约要用 9 年，也就是说从 9 岁开始数要数到 18 岁才能数完。

1 亿滴水大约可以汇成 3333 升水，能够装 4 辆大型运水车。

1 亿个小朋友手拉手，可以绕地球的赤道 3 圈（图 5-90）。

1 秒钟的时间很短，仅仅是一眨眼的工夫，但每秒累加起来就是三年多的时光，这就是光阴似箭、岁月如梭的含义。

通过今天的实践和查阅资料，我知道了节约每一张纸、每一粒米、每一滴水的重要性；也知道了一亿确实很大，但它再大，也是从一开始。千里之行，始于足下，只要一点一点地努力，终能积少成多、聚沙成塔，走向更大的成功。

【教师阅后留言】"亿"是很大的计数单位，所以很难感知到一亿到底有多大。可是，看了你的实践过程，老师对一亿有了更深、更清晰的认识，你可真棒！

参考文献

[1] 刘善娜. 这样的数学作业有意思：小学数学探究性作业设计与实施 [M]. 北京：教育科学出版社，2016.

[2] 杨婷婷. 立足校情做好课后服务 [J]. 贵州教育，2022（6）：39–40.

[3] 郭方年. 小学数学主题式假期作业设计与案例研究 [J]. 数学学习与研究，2019（23）：135，138.

[4] 黄彩芬，陈新华. 国内中学化学作业设计研究综述 [J]. 化学教与学，2021（7）：20–23.

[5] 刘善娜. 基于童趣心理的探究性数学作业设计策略 [J]. 未来英才，2014（4）：144–146.

[6] 邱树林. 初中数学课堂教学量化评价探究 [J]. 赣南师范大学学报，2021，42（6）：133–136.

[7] 刘妍慧. 谈低年级数学作业的创意布置 [J]. 中小学数学（小学版），2018（Z1）：4–7.

[8] 王丽霞. 双减背景下小学数学作业有效性设计 [J]. 当代教研论丛，2022，8（9）：41–44.

[9] 张艳. 核心素养背景下的小学数学作业设计研究 [J]. 小学数学教育，2022（5）：29，31.

[10] 郑华恒. 核心素养视域下的小学数学作业设计 [J]. 人民教育，2022（17）：79.

[11] 邓胜兴. 将创新引入课堂的实践与思考：以"椭圆的标准方程"教学为例 [J]. 中学数学教学参考，2020（31）：37–40.

[12] 马志响 . 由作业"内卷化"说开去 [J]. 河北教育（综合版），2021，59（Z1）：51–52.

[13] 张蕾 . 借助"设计思维"优化作业设计：例谈部编版小学语文四年级作业设计 [J]. 知识文库，2021（23）：172–174.

[14] 李文文 . 小学数学教师作业设计素养的现状调查及提升对策研究 [D]. 杭州师范大学，2017.

[15] 冯燕霞 . "双减"政策下语文作业的加减法 [J]. 少男少女，2021，5（30）：21–22.

[16] 袁梨清 . "双减"背景下小学语文单元整体作业设计研究：以部编版六年级上册第五单元为例 [J]. 新课程评论，2022（9）：70–79.

[17] 顾可雅 . 做有"温度"的教育，让"双减"落地有声 [J]. 教育家，2022（1）：58–59.

[18] 薛无瑕 . 利用移动互联网创新课堂教学的实践与应用 [J]. 高教学刊，2019（20）：41–43.

[19] 彭悦冬 . 思维导图在物理教学中有效应用的策略研究 [J]. 求知导刊，2021（26）：42–43.

[20] 蔡泽慧 . 浅谈数学开放性作业对学生数学核心素养的促进作用 [J]. 中学课程辅导（教师教育），2020（12）：105，107.

[21] 许丽 . 一次网传错误引发的深度探究 [J]. 中学数学月刊，2019（4）：43–46.

[22] 吴宇霞 . 小学数学作业的设计技巧 [J]. 广西教育，2018（9）：93–94.

[23] 毛宇 . 生物课堂因互动而精彩 [J]. 启迪与智慧（教育），2018（11）：64.

[24] 郭孟梅，戴联荣 . 西部高校二级学院的教师工作满意度研究：以宁夏继续教育学院为例 [J]. 西北成人教育学院学报，2019（6）：69–75.

[25] 刘琦，侯丽 . 基于交互式电子白板的互动课堂教学模式研究与实践 [J]. 电子技术，2020，49（5）：72–73.

[26] 苏世海 . 中职语文教学"项目引领，工学结合"的教改探索 [J]. 现代职业教育，2020（37）：20–21.

[27] 王忠兴 . 差异化理念下的小学数学家庭作业设计与实施现状的调查分析 [D]. 长春：吉林外国语大学，2021.

[28] 阎兴涛 . 核心素养视域下初中数学发展性作业优化案例研究 [J]. 天津教育，2021（33）：86–87.

[29] 李琼.小学三年级数学分层家庭作业现状的调查研究 [D].扬州：扬州大学，2021.

[30] 杨莉.如何在小学数学课堂教学中渗透人文素养的教育 [J].教育信息化论坛，2019，3（5）：256，258.

[31] 樊翠萍.略论多元拓展让数学课外作业充满活力 [J].中国校外教育，2019（1）：77-78.

[32] 樊江峰."双减"背景下高中历史校本化作业的样态 [J].教学与管理，2022（10）：49-52.

[33] 蔡红娟.以网络为载体的学生语文作业设计与探索 [J].课外语文，2015（12）：160.

[34] 庞玉艳.小学数学生活化教学创新策略探讨 [J].基础教育论坛，2022（34）：23-25.

[35] 徐胜.新课改下小学数学生活化教学策略 [J].天津教育，2022（13）：89-91.

[36] 刘凤华."类比推理"在小学数学教学中的应用研究 [J].试题与研究，2020（28）：117-118.

[37] 张莹.以生活教育为导向的小学语文课堂教学 [J].教师，2019（10）：42-43.

[38] 德吉曲珍.新时代初中道法课堂学以致用创新教学策略探究 [J].智力，2020（17）：145-146.

[39] 朱昱亭.浅析分层教学法在小学音乐教学中的运用 [J].北方音乐，2018，38(17)：99-100.

[40] 马小梅.初中物理教学方法选择与创新探究 [J].新智慧，2021（36）：16-17.

[41] 王清.如何在初中物理课堂教学中开展学生的创造性思维能力 [J].软件（教育现代化），2019（7）：21.

[42] 张雪梅.作业设计在数学教学中的运用研究 [J].学苑教育，2021（11）：95-96.

[43] 刘建梅.美国中小学生家庭作业研究及对我国的启示 [D].沈阳：沈阳师范大学，2013.

[44] 李孝贞.对外汉语教学作业的布置与批改研究 [D].长春：东北师范大学，2011.

[45] 辛伟豪，张珍珍，鲁鸣.融合教育背景下特殊学生家庭作业研究综述 [J].中国特殊教育，2022（4）：12-22.

[46] 卞燕红 . 二次作业设计在初中化学教学中的应用研究 [J]. 数理化学习（教研版），2018（10）：29-30.

[47] 吕健 . 高中数学作业的有效性的实践与探究 [J]. 数学学习与研究，2020（16）：148-149.

[48] 吴静 . 如何让语文课兴味盎然 [J]. 语文教学与研究，2011（2）：62-63.

[49] 周寅鹤 . 初中英语家庭作业设计和批改研究 [D]. 上海：上海师范大学，2011.

[50] 翁森勇 . 基于微慕学习系统的家庭作业指导模式构建研究 [J]. 江苏教育研究，2017（28）：32-37.

[51] 曾涛，张建伟，宣静，等 . 作业研究综述 [J]. 校园英语，2019（10）：154-155.

[52] 张志芬 . 小学数学作业布置和批改方式的优化策略 [J]. 智力，2022（25）：17-20.

[53] 李纪云 . 初中语文前置性作业设计研究 [D]. 济南：山东师范大学，2016.

[54] 贺建铭 . 中学数学个性化作业设计初探 [D]. 金华：浙江师范大学，2012.

[55] 竺慧红 . 新课程理念下的初中英语作业改革探索与实践 [J]. 教学与管理，2006（16）：55-57.

[56] 杨润东 . 国内中小学家庭作业研究进展 [J]. 宁波教育学院学报，2015，17（1）：74-77，81.

[57] 张学炬 . 杜绝家长作业关键是如何监督 [J]. 贵州教育，2020（23）：49.

[58] 毛思玉，任墩，宋崔 . "双减"背景下作业的理想构建 [J]. 中国教师，2022（1）：18-21.

[59] 吴坤明 . 实施"五项管理"推进"双减"落地 [J]. 中小学校长，2022（4）：35-36.

[60] 鲍春侠 . 如何培养小学生的科学实验设计能力 [J]. 文理导航·教育研究与实践，2016（2）：249.

[61] 王殿军 . 以作业管理促进教学质量提升 [J]. 中学语文，2021（11）：67.

[62] 廖丽华 . 立足运算教学课堂落实数学核心素养 [J]. 中国教师，2021（10）：55-59.

[63] 丁鸿涛 . 新课程改革下地理教学的思考与探索 [J]. 新课程（下），2019（11）：140.

[64] 黄京鸿 . 现代学习与教学论发展对地理素质教育的启示 [J]. 中学地理教学参考，2001（5）：5-8.

[65] 方建兰，汪潮．"双减"政策下语文作业的设计趋势 [J]．语文建设，2021（22）：4-9.

[66] 方仲可．"生活现象问题情境"在初中物理课堂教学中的应用 [J]．物理教学，2022，44（2）：78-80.

[67] 李敏．基于深度学习理论的初中古诗词教学探究 [D]．北京：中央民族大学，2021.

[68] 丁杭缨，许霜霜．单元视角下"四级进阶"式作业架构与实施 [J]．教学月刊小学版（数学），2022（3）：51-54.

[69] 周璐．"双减"背景下学作评一体化作业的设计与实施 [J]．语文建设，2022（4）：41-45.

[70] 王佳怡．创新作业模式 助力"双减"启航：浅谈"双减"背景下小学数学 1+N 作业设计探究 [J]．小学教学设计，2022（8）：37-40.

[71] 李祥竹，李刚．"双减"背景下我国义务教育阶段作业设计优化路径研究 [J]．教育理论与实践，2022，42（20）：3-7.

[72] 许艳香．"双减"背景下布置小学语文作业的"减法"与"加法"[J]．新教育时代（学生版），2021（43）：46-47.

[73] 张济洲．中小学作业观：特点、问题与走向 [J]．课程·教材·教法，2013，33（7）：25-30.

[74] 陈建华．对新课程背景下中小学作业改革的探讨 [J]．教育科学研究，2006（1）：5-9.

[75] 毕志民．小学数学作业设计的现状分析与应对策略 [J]．辽宁教育，2018（17）：32-34.

[76] 杜忠良．数学教学中学生听说能力的培养 [J]．课程教材教学研究（小教研究），2017（Z1）：56-58.

[77] 王燕．小学语文家庭作业的质量控制 [J]．东西南北（教育观察），2012（5）：282.

[78] 魏夫江．小学体育课外作业布置的监控操作方案 [J]．体育风尚，2019（1）：228.

[79] 陆秀芹．论减轻学生负担的措施 [J]．现代中小学教育，1998（4）：3-5.

[80] 梁凯毓，梁雪．自主学习策略在初中数学网络教学中的运用探析 [J]．吉林省教育学院学报，2020，36（12）：10-14.

[81] 张丽.普通高中化学新课程教学中实施探究式学习研究 [D].长春：东北师范大学，2006.

[82] 郭明心.小学中年级数学作业有效性实践研究 [D].天津：天津师范大学，2012.

[83] 成晶晶.多元智能理论在初中教学中的应用 [J].教书育人，2019（28）：26.

[84] 蔡亚萍.基于多元智力理论的符号转换学习策略 [J].化学教学，2010（5）：4–6.

[85] 郑先俐，张增田.多元智力理论及其对基础教育课程改革的启示 [J].贵州师范大学学报（社会科学版），2005（2）：118–121.

[86] 戴宏亮，戴宏明."以学生为中心"的课堂教学模式探索与实践 [J].高教学刊，2022，8（20）：108–111，115.

[87] 王陈华，黄韬.小学数学实践性作业的实践探究 [J].教学与管理，2016（2）：50–52.

[88] 杜娟利.小学数学作业优化设计模式研究 [J].新课程研究（上旬刊），2018（12）：107–110.

[89] 高安，周东升.让学生与"错题"相遇 [J].教育，2022（7）：85–86.

[90] 邹润甜.实践性作业让学生真正成为学习的主人：小学数学"品质课堂"实践性作业的模式与构建 [J].亚太教育，2022（11）：148–150.

[91] 黄胤黎.浅谈初中语文作业个性化设计的实施策略 [J].南北桥，2017（15）：173.

[92] 陈红梅.翻转课堂模式下大学英语教学中环保理念的建构：评《生态环境英语阅读》[J].环境工程，2021，39（5）：270.

[93] 卢兰.浅议小学数学微课的特点、制作以及作用 [J].试题与研究，2018（9）：230–231.

[94] 陈阳，南月省，李亚莉.探究性作业的特征与类型分析 [J].新课程（综合版），2016（4）：14，112.

[95] 樊剑.基于核心素养建构小学数学生本课堂的策略分析 [J].考试周刊，2020（94）：65–66.

[96] 蒋劲松.适性　体验　多元：小班背景下语文作业设计浅谈 [J].中学课程辅导（教师教育），2016（8）：58，4.

[97] 王微.大学英语教学质量监控体系构建研究：以基于 TMM 课程体系的听说课为例 [J].鸡西大学学报，2015，15（4）：87–90.

[98] 任艳．且做"放鸢者" 莫为"牧羊人"："个性化阅读"教学实践中语文教师角色探析 [J]. 教育教学论坛，2019（38）：238-240.

[99] 赵彦美．小学问题学生成因分析与转化策略 [J]. 教育现代化，2019，6（69）：192-193.

[100] 张烁．家校共育携手同行 [J]. 中国民族教育，2020（12）：19.

[101] 郭以贺，张宁，何玉钧．一种适用于课堂使用的便携式数字电子技术实验平台设计 [J]. 中国教育技术装备，2019（20）：27-28.

[102] 胡久华，刘洋．基于课程标准设计核心素养导向的单元教学 [J]. 课程·教材·教法，2021，41（9）：101-107.

[103] 童小艇．高中美术"以学定教"的学习任务单设计 [J]. 大众文艺，2021（9）：137-138.

[104] 李学书，胡军．大概念单元作业及其方案的设计与反思 [J]. 课程·教材·教法，2021，41（10）：72-78.

[105] 李新贵．中学如何实施家庭作业的科学化管理 [J]. 辽宁教育，2021（18）：86-87.

[106] 刘国权．健全体制细化管理将"双减"工作落到实处 [J]. 黑龙江教育（教育与教学），2022（1）：4-6.

[107] 郑晓成．"作业超市"：把课后学习的主动权还给学生 [J]. 辽宁教育，2021(1)：77-79.

[108] 古焕标．落实立德树人加强教考衔接：对广东省 2022 年普通高中学业水平选择性考试物理试题的整体评价 [J]. 教学考试，2022（40）：12-14.

[109] 覃光勋，周镜．基于数学核心素养导向下的课堂教学方式：谈谈变式教学对学生数学运算及推理探究能力的培养 [J]. 中学数学，2019（7）：40-41.

[110] 唐晓清，陆海峰．始于知识达于素养："认识分数"教学的实践与思考 [J]. 考试周刊，2018（54）：43.

[111] 徐宏银．核心素养视域下小学数学教学改革研究：评《小学数学核心素养教学论》[J]. 教育理论与实践，2022，42（21）：65.

[112] 钟启泉．有意义练习的系统设计 [J]. 现代基础教育研究，2014，13（1）：49-52.

[113] 姚培骊．英语逆向教学设计探索：以《英语（牛津上海版）》七年级"Travelling Around the World"单元为例 [J]. 上海课程教学研究，2017（Z1）：

57–61.

[114] 崔曼曼. 抓准设计切入点提高作业有效性：第一学段学生数学体验式作业设计初探 [J]. 小学教学参考，2021（8）：43–44.

[115] 孙云涛. 高中数学教学中学生抽象能力提升路径 [J]. 高中数理化，2021（增刊 1）：81.